Wilhelm Busch

Jesus
unser Schicksal

gekürzte Ausgabe

neukirchener
aussaat

Dieses Buch wurde auf FSC®-zertifiziertem Papier gedruckt.
FSC (Forest Stewardship Council®) ist eine nichtstaatliche,
gemeinnützige Organisation, die sich für eine ökologische und
sozialverantwortliche Nutzung der Wälder unserer Erde einsetzt.

Bibliografische Information der Deutschen Nationalbibliothek

Die Deutsche Nationalbibliothek verzeichnet diese Publikation in der
Deutschen Nationalbibliografie; detaillierte bibliografische Daten sind
im Internet über http://dnb.d-nb.de abrufbar.

4. Auflage (SpecialEdition) 2015

© 2006 Neukirchener Verlagsgesellschaft mbH, Neukirchen-Vluyn
Alle Rechte vorbehalten
Umschlaggestaltung: Lucian Binder, Marienheide
DTP: CLV
Gesamtherstellung: GGP Media GmbH, Pößneck
Printed in Germany

ISBN: 978-3-7615-5494-4 (Neukirchener Aussaat)
ISBN: 978-3-89397-573-0 (CLV)

Inhaltsverzeichnis

Wilhelm Busch
27.3.1897 – 20.6.1966

Vorwort

Als man in der Nacht des 20. Juni 1966 in einem Lübecker Krankenhaus den plötzlichen Tod von Pastor Wilhelm Busch feststellte, verbreitete sich diese Nachricht wie ein Lauffeuer durchs ganze Land. Am anderen Tag gaben Funk und Fernsehen diese – für viele erschütternde – Meldung weiter. Wer war dieser Mann?

Pastor Wilhelm Busch gehört zu den wenigen Menschen, deren Bekanntheitsgrad nach ihrem Tod von Jahr zu Jahr gewachsen ist.

Zu Lebzeiten war er vor allem im deutschsprachigen Raum bekannt. Heute kennt man seinen Namen in Sibirien ebenso wie in Südamerika oder am Kap der Guten Hoffnung.

Schon während seiner Lebenszeit erreichten seine Bücher eine Gesamtauflage von einigen hunderttausend Exemplaren.

Doch ein Buch, das erst nach seinem Tod erschienen ist, wurde inzwischen in alle wichtigen Weltsprachen übersetzt und allein in den letzten zehn Jahren in einer Auflage von mehreren Millionen Exemplaren weltweit verbreitet. In allen Erdteilen findet man heute Menschen, deren Leben nach der Lektüre des Buches »Jesus unser Schicksal« völlig verändert worden ist.

Wie wurde er zu diesem Mann?

Obwohl Wilhelm Busch aus einer bekannten Pastorenfamilie stammte, war er in jungen Jahren alles andere als religiös. Wenn man ihm als junger Offizier im Ersten Weltkrieg gesagt hätte: »Du wirst einmal in Kirchen predigen«, dann hätte er lauthals gelacht und abgewunken, denn Gott interessierte ihn damals nicht.

Das wurde allerdings anders, als er Monate später in einer Gefechtspause beim Vormarsch auf Verdun seinem Kameraden einen dreckigen Witz erzählte. Doch der konnte nicht mehr lachen, weil ihn im selben Moment ein feindlicher Granatsplitter mitten ins Herz getroffen hatte – er brach tot zusammen.

»Ich sehe mich noch an diesem Straßengraben stehen, als es mich wie ein grelles Licht, heller als der Atomblitz, überfiel: ›Der steht jetzt vor dem heiligen Gott!‹ Und die nächste Feststellung war: ›Wenn wir jetzt andersherum gesessen hätten, dann hätte es mich erwischt, und dann stünde ich jetzt vor Gott!‹ Da lag mein toter Freund. Und nach langen Jahren faltete ich zum ersten Mal die Hände und betete nur: ›Lieber Gott, lass mich nicht fallen, ehe ich weiß, dass ich nicht in die Hölle komme.‹«

Einige Tage später schloss er sich dann mit einem Neuen Testament in der Hand in einem kaputten französischen Bauernhaus ein, fiel auf die Knie und betete:

»Herr Jesus! In der Bibel steht, dass du gekommen bist von Gott, um ›Sünder selig zu machen‹. Ich bin ein Sünder. Ich kann dir auch für die Zukunft nichts versprechen, weil ich einen schlechten Charakter habe. Aber ich möchte nicht in die Hölle kommen, wenn ich jetzt einen Schuss kriege. Und darum, Herr Jesus, übergebe ich mich dir von Kopf bis zu den Füßen. Mach mit mir, was du willst!« – »Da gab's keinen Knall, keine große Bewegung, aber als ich rausging, hatte ich einen Herrn gefunden, einen Herrn, dem ich gehörte.«

Und Wilhelm Busch hielt diesem Herrn die Treue. Als er nach dem Krieg Pfarrer wurde, hatte er zuerst in Bielefeld, dann aber bis an sein Lebensende in Essen Bergarbeitern und vor allem unzähligen jungen Menschen als Jugendpfarrer den Weg zu Jesus Christus gewiesen.

Als damals am 24. Juni 1966 eine riesige Menschenmenge erschüttert seinem Sarg zum Essener Ostfriedhof folgte, war ich als zwanzigjähriger »Zivi« auch einer von denen, die weinend hinterherzogen, weil sie diesem Mann das Entscheidende im Leben verdanken.

Auf der Beerdigungsnachfeier brachte Dr. Gustav Heinemann, der spätere Bundespräsident von Deutschland, in einer Ansprache das Geheimnis dieses Mannes auf den Punkt:

»Wo er zugegen war, passierte immer etwas. Das Eigentliche an ihm aber war dieses, dass er ein glaubhafter und alle Vorbehalte durchstoßender Bote seines Herrn war.«

Auch nach fünfzig Jahren haben seine Ansprachen nichts an Aktualität verloren, weil der Wohlstand und der Materialismus der letzten Jahrzehnte keine Antwort auf die Fragen nach Sinn und Ziel des Lebens gegeben haben. Jesus ist unsere einzige Chance, die sich nicht als Illusion entpuppt.

Überzeugen Sie sich selbst.

Wolfgang Bühne

Gott ja, aber wozu Jesus?

Sehen Sie: So ein alter Pfarrer wie ich, der ein Leben lang in der Großstadt gewirkt hat, bekommt im Laufe der Jahre permanent die gleichen Schlagworte zu hören. Eins heißt: »Wie kann Gott das alles zulassen?« Ein anderes lautet: »Kain und Abel waren Brüder. Kain schlug Abel tot. Wo hat Kain seine Frau her?« Und eines der beliebtesten Schlagworte ist dies: »Herr Pfarrer, Sie reden immer von Jesus. Das ist doch fanatisch. Es ist doch ganz egal, was man für eine Religion hat. Hauptsache, man hat Ehrfurcht vor dem Höheren, dem Unsichtbaren.«

Das ist doch einleuchtend, nicht? Dasselbe hat mein großer Landsmann Goethe – er ist auch aus Frankfurt – schon gesagt: »Gefühl ist alles; Name ist Schall und Rauch …« Ob wir Allah, Buddha, Schicksal oder »Höheres Wesen« sagen, das ist ganz egal. Hauptsache, wir haben überhaupt einen Glauben. Und es wäre fanatisch, den präzisieren zu wollen. Das denken doch fünfzig Prozent von Ihnen auch, nicht wahr? Ich sehe die alte Dame noch vor mir, die mir erklärte: »O Herr Pfarrer, Sie immer mit Ihrem Jesus-Gerede! Hat nicht Jesus selber gesagt: ›In meines Vaters Haus sind viele Wohnungen‹? Da haben alle Platz!« Meine Freunde, das ist ein ganz großer Schwindel!

Ich war einmal in Berlin auf dem Flughafen »Tempelhofer Feld«. Ehe wir zum Flugzeug konnten, mussten wir noch einmal durch eine Passkontrolle. Vor mir steht so ein großer Herr – ich sehe ihn noch vor mir: so ein zweistöckiger, mit einer großen Reisedecke unterm Arm – und reicht dem Beamten eilig seinen Pass hin. Und da sagt der Beamte: »Moment mal! Ihr Pass ist abgelaufen!« Der Herr erwidert: »Nun seien Sie mal nicht so kleinlich. Hauptsache, ich habe einen Pass!« »Nee«, erklärt der Beamte fest und bestimmt, »Hauptsache, Sie haben einen gültigen Pass!«

Und genauso ist es mit dem Glauben: Es kommt nicht darauf

an, dass ich überhaupt einen Glauben habe, dass ich irgendeinen Glauben habe. Jeder hat einen. Neulich sagte mir einer: »Ich glaube, dass zwei Pfund Rindfleisch eine gute Suppe geben.« Das ist ja auch ein Glaube – wenn auch ein dünner, Sie verstehen! Es kommt nicht darauf an, dass Sie irgendeinen Glauben haben, sondern es kommt darauf an, dass Sie den richtigen Glauben haben, einen Glauben, mit dem man leben kann, auch wenn's sehr dunkel wird, der Halt gibt auch in großen Versuchungen, einen Glauben, auf den man sterben kann. Das Sterben ist eine große Probe auf die Richtigkeit unseres Glaubens!

Es gibt nur einen richtigen Glauben, mit dem man richtig leben und richtig sterben kann: Das ist der Glaube an den Herrn Jesus Christus, den Sohn Gottes. Jesus hat selber gesagt: »In meines Vaters Haus sind viele Wohnungen.« Aber es gibt nur eine Tür zu den Wohnungen Gottes: »Ich bin die Tür! Wer durch mich eingeht, wird selig werden.«

Jesus ist die Tür! Ich weiß: Das wollen die Leute nicht hören. Über Gott kann man stundenlang diskutieren. Der eine stellt sich Gott so vor und der andere anders. Aber Jesus ist kein Diskussionsgegenstand. Und ich sage Ihnen: Nur der Glaube an Jesus, den Sohn Gottes, ist ein rettender und selig machender Glaube, mit dem man leben und sterben kann!

Wie lächerlich dieser Glaube den Leuten erscheint, zeigt ein kleines Erlebnis, über das Sie ruhig mal lachen dürfen. Da gehe ich vor Jahren mal in Essen durch die Stadt. Zwei Männer stehen am Straßenrand, offenbar Bergleute. Als ich vorbeigehe, grüßt der eine: »Guten Tag, Herr Pastor!« Ich trete auf ihn zu: »Kennen wir uns?« Da lacht er und erklärt dem andern: »Das ist der Pastor Busch! Ein ganz ordentlicher Junge!« »Danke«, sage ich. Und da fährt er fort: »Nur – er hat leider einen Vogel!« Ich fuhr empört auf: »Was habe ich? Einen Vogel? Wieso habe ich einen Vogel?« Und da wiederholt er: »Wirklich, der Pastor ist ein ganz ordentlicher Junge! Nur: Er spricht immer von Jesus!« »Mann!«, rief ich erfreut. »Das ist kein Vogel! In hundert Jahren sind Sie in der Ewigkeit. Dann hängt alles daran, ob Sie Jesus kennen gelernt haben. An ihm entscheidet es sich, ob Sie in

der Hölle oder im Himmel sind. Sagen Sie: Kennen Sie Jesus?«
»Siehst du«, wendet er sich lachend an den andern, »jetzt fängt er schon wieder an!«

Ich will jetzt auch davon anfangen! Es gibt ein Wort in der Bibel, das ich an den Anfang stellen möchte. Es heißt so: »Wer den Sohn Gottes hat, der hat das Leben.« Sie haben im Unterricht mal gelernt von Jesus – aber Sie haben ihn nicht. »Wer den Sohn Gottes hat« – hören Sie: »hat«! – »der hat das Leben« – hier und in Ewigkeit! »Wer den Sohn Gottes nicht hat, der hat das Leben nicht.« Das sagt das Wort Gottes! Sie kennen das Sprichwort: »Wer hat, der hat!« Genauso meint es dies Bibelwort. Ich möchte Sie geradezu überreden – um Ihretwillen! –, dass Sie Jesus aufnehmen und ihm Ihr Leben geben. Denn: Ohne ihn ist es doch ein jämmerliches Leben.

Und nun will ich Ihnen sagen, warum Jesus Ein und Alles ist und warum der Glaube an Jesus der einzig richtige ist. Oder lassen Sie es mich lieber ganz persönlich ausdrücken: Ich möchte Ihnen jetzt sagen, warum ich Jesus haben muss und an ihn glaube.

Jesus ist die Offenbarung Gottes

Wenn mir einer sagt: »Ich glaube an Gott! Aber wozu Jesus?«, dann antworte ich: »Das ist ja dummes Zeug! Gott ist ein verborgener Gott! Und ohne Jesus wissen wir gar nichts von Gott!«

Die Menschen können sich zwar einen Gott zurechtmachen, den »lieben Herrgott« zum Beispiel, der einen ehrlichen Deutschen nicht im Stiche lässt, wenn er jeden Tag nur fünf Glas Bier trinkt. Aber das ist doch nicht Gott! Allah, Buddha – das sind Projektionen unserer Wünsche. Aber Gott? Ohne Jesus wissen wir nichts von Gott. Jesus aber ist die Offenbarung Gottes. In Jesus ist Gott zu uns gekommen.

Ich will Ihnen das an einem Bild deutlich machen: Stellen Sie sich mal eine dichte Nebelwand vor. Hinter der Nebelwand verborgen ist Gott. Nun können die Menschen aber nicht leben ohne ihn. Und da fangen sie an, ihn zu suchen. Sie versuchen, in die Nebelwand einzudringen. Das sind die Bemühungen der Religionen. Alle Religionen sind ein Suchen der Menschen nach Gott. Und allen Religionen ist eins gemein: Sie sind im Nebel verirrt, sie haben Gott nicht gefunden.

Gott ist ein verborgener Gott. Das hat ein Mann, Jesaja hieß er, verstanden und aus Herzensgrund geschrien: »Herr, wir können nicht zu dir kommen. Ach, dass du die Nebelwand zerrissest und kämest zu uns!« Und denken Sie: Gott hat diesen Schrei gehört! Er hat die Nebelwand zerrissen und ist zu uns gekommen – in Jesus. Als die Engel auf Bethlehems Felde in Sprechchören riefen: »Euch ist heute der Heiland geboren! Ehre sei Gott in der Höhe!« – da war Gott zu uns gekommen. Und jetzt sagt Jesus: »Wer mich sieht, der sieht den Vater.«

Ohne Jesus wüsste ich nichts von Gott. Er ist die einzige Stelle, wo ich Gewissheit über Gott bekommen kann! Wie kann man nur sagen: »Ich kann ohne Jesus auskommen«!

Ich kann das alles nur sehr kurz sagen und muss vieles auslassen. Dabei könnte ich Ihnen so viel von Jesus sagen. Aber ich kann Ihnen jetzt bloß die wichtigsten Punkte zu der Frage »Wozu Jesus?« nennen.

Jesus ist die rettende Liebe Gottes

Ich muss Ihnen das erklären. Vor einiger Zeit hatte ich ein Gespräch mit einem Journalisten, der mich interviewte und fragte: »Warum halten Sie eigentlich solche Vorträge?« Darauf habe ich ihm geantwortet: »Die halte ich, weil ich Angst habe, dass die Leute in die Hölle kommen.« Da lächelte er und erwiderte: »Gibt's doch gar nicht!« Und da habe ich gesagt: »Warten Sie's doch ab! In hundert Jahren wissen Sie es, ob Sie Recht haben oder Gottes Wort. Sagen Sie«, habe ich ihn gefragt, »haben Sie sich schon mal vor Gott gefürchtet?« »Nein!«, antwortete er. »Vorm lieben Gott hat man doch keine Angst!« Da habe ich ihm erklärt: »Sie sind aber ›unterm Strich‹!« Wer auch nur eine dumpfe Ahnung von Gott hat, der muss doch begreifen, dass es nichts Schrecklicheres gibt als ihn, den heiligen und gerechten Gott, den Richter unserer Sünden? Sie sprechen vom ›lieben Gott‹? Die Bibel sagt das so nicht. Die Bibel sagt vielmehr: ›Schrecklich ist's, in die Hände des lebendigen Gottes zu fallen.‹«

Haben Sie Gott schon gefürchtet? Wenn nicht, dann haben Sie überhaupt noch nicht angefangen, die ganze Wirklichkeit des heiligen Gottes und Ihres sündigen Lebens zu sehen. Wenn Sie aber anfangen, Gott zu fürchten, dann werden Sie fragen: »Wie kann ich vor Gott bestehen?« Ich glaube, es ist die größte Dummheit unserer Zeit, dass man den Zorn Gottes nicht mehr fürchtet, ja, es ist ein Zeichen furchtbarer Verstumpfung, wenn ein Volk den lebendigen Gott und seinen Zorn über die Sünde nicht mehr ernst nimmt.

Professor Karl Heim erzählte einmal, wie er auf einer China-Reise auch nach Peking kam. Da wurde er auf einen Berg geführt, auf dem ganz oben ein Altar stand, der »Altar des Himmels«. Es wurde ihm erklärt, dass in der »Nacht der Versöhnung« dieser Berg erfüllt ist mit Hunderttausenden von Menschen, die alle Lampions tragen. Und dann geht der Kaiser hinauf – damals waren es noch die Kaiser, die China regierten – und bringt das Versöhnungsopfer für sein Volk. Als Professor Heim uns das erzählte, fuhr er fort: »Diese Heiden wussten etwas vom Zorn Gottes und dass der Mensch Versöhnung braucht.«

Und der gebildete Mitteleuropäer meint, er könne vom »lieben Gott« reden, und der wäre glücklich zu sehen, dass die Menschen ihre Kirchensteuern brav bezahlen! Fangen wir lieber wieder an, Gott zu fürchten! Wir haben doch alle gesündigt! Sie nicht? Aber natürlich!

Wenn wir Gott wieder fürchten lernen, dann werden wir fragen: »Wo ist denn Rettung vor dem Zorn Gottes? Wo ist Rettung?« Und dann darf uns aufgehen: Jesus ist die rettende Liebe Gottes. »Gott will, dass allen Menschen geholfen werde.« Aber er kann nicht ungerecht sein. Er kann nicht schweigen zur Sünde. Und darum hat er seinen Sohn gegeben – zur Rettung, zur Versöhnung.

Gehen Sie mit mir nach Jerusalem. Da ist ein Hügel vor der Stadt. Wir sehen Tausende von Menschen. Und über die Köpfe der vielen Menschen ragen drei Kreuze. Der Mann am linken Kreuz ist so wie wir, ein Sünder. Rechts der auch. Aber der in der Mitte! Sehen Sie ihn an, den Mann mit der Dornenkrone, den Sohn des lebendigen Gottes! »Du edles Angesicht, / Davor das Reich der Welt / Erschrickt und wird zunichte, / Wie bist du so entstellt!« Warum hängt er da? Dieses Kreuz ist der Altar Gottes. Und Jesus ist das Lamm Gottes, welches der Welt Sünde trägt, das versöhnt mit Gott.

Sehen Sie: Solange Sie Jesus nicht gefunden haben, stehen Sie unter Gottes Zorn, auch wenn Sie's nicht merken, auch wenn Sie's leugnen. Und nur wer zu Jesus gekommen ist, steht unter dem Frieden Gottes: »Die Strafe liegt auf ihm, auf dass wir Frieden hätten.«

Lassen Sie mich ein ganz dummes Beispiel brauchen: Im Ersten Weltkrieg war ich Artillerist. Da hatten wir Kanonen mit Schutzschilden. Einmal standen wir ohne Infanterie vorne. Und dann kam ein Angriff mit Panzern – »Tanks« nannten wir sie damals. Wie Hagel schlugen die Infanteriegeschosse auf unsere Schutzschilde. Aber die waren so stark, dass wir dahinter geborgen waren. Und da habe ich denken müssen: »Wenn ich jetzt bloss die Hand hinter dem Schutzschild herausstrecke, dann wird sie durchsiebt, dann bin ich verloren, dann muss ich elend verbluten. Aber hinter dem Schutzschild bin ich geborgen!«

Und sehen Sie: Das ist mir Jesus geworden. Ich weiß: Ohne Jesus vergehe ich im Gericht Gottes. Ohne Jesus habe ich keinen Frieden im Herzen, da kann ich tun, was ich will. Ohne Jesus kann ich nicht sterben ohne tödliche Angst. Ohne Jesus wandere ich ins ewige Verderben. Es gibt ein ewiges Verderben, warten Sie's nur ab! Aber wenn ich hinter dem Kreuze Jesu stehe, bin ich geborgen wie hinter dem Schutzschild. Da darf ich wissen: Er ist mein Versöhner! Er ist mein Erretter! Jesus ist die rettende Liebe Gottes!

Hören Sie: »Gott will, dass allen Menschen geholfen werde.« Darum hat er seinen Sohn gegeben, zur Rettung, zur Versöhnung. Auch für Sie!

Und nun ruhen Sie nicht, bis Sie diesen Frieden Gottes haben, bis Sie gerettet sind!

Wozu Jesus?

Jesus ist der Einzige, der mit dem größten Problem unseres Lebens fertig wird

Wissen Sie, was das größte Problem unseres Lebens ist? Ah, die Älteren denken natürlich an ihre Galle oder ihre Niere oder was gerade krank ist. Tolle Probleme! Bei den Jüngeren ist es dann »das Mädchen« oder »der Junge«. Es hat jeder so seine Probleme. Glauben Sie mir: Das größte Problem unseres Lebens ist unsere Schuld vor Gott!

Ich war jahrzehntelang Jugendpfarrer. Da habe ich immer neue Bilder gesucht, um den Jungen das klar zu machen. Eins von diesen Bildern möchte ich hier brauchen. Ich habe gesagt: »Stellt euch mal vor, wir haben von Natur einen eisernen Ring um den Hals. Und jedes Mal, wenn ich sündige, wird ein Kettenglied angeschmiedet. Ich habe einen schmutzigen Gedanken: ein Kettenglied. Ich bin frech gegen meine Mutter: ein Kettenglied. Ich habe böse geredet über andere Leute: ein Kettenglied. Ein Tag ohne Gebet, als wenn Gott nicht wäre: ein Kettenglied. Unehrlichkeit, Lüge: ein Kettenglied.«

Überlegen Sie mal, wie lang die Kette ist, die wir hinter uns herschleifen! Verstehen Sie: die Schuldkette! So real ist Schuld vor Gott – auch wenn man diese Kette nicht sieht! Aber sie ist riesenlang. Und wir schleppen sie mit uns herum. Ich frage mich oft, warum die Menschen gar nicht recht fröhlich und glücklich sein können. Sie haben's doch weithin so gut. Aber sind Sie glücklich? Sie können nicht glücklich sein! Sie können's nicht – weil Sie die Schuldkette mit sich herumtragen! Und die nimmt Ihnen kein Pfarrer und kein Priester und kein Engel weg. Und auch Gott kann sie nicht wegtun, weil er gerecht ist: »Was der Mensch sät, das wird er ernten.«

Doch nun ist da Jesus! Er ist der Einzige, der mit dem größten Problem unseres Lebens fertig wird: Er ist für meine Schuld gestorben. Er hat sie bezahlt, als er starb. Darum ist er imstande, mir die Schuldkette abzunehmen. Er ist der Einzige, der das kann!

Ich möchte Ihnen aus Erfahrung sagen: Das ist eine Befreiung zu wissen: Ich habe Vergebung meiner Sünden. Das ist die große Befreiung im Leben – und erst im Sterben. Ihr Alten, sterben und Vergebung der Sünden haben! Oder in die Ewigkeit gehen und alle Schuld mitnehmen müssen! Schauerlich!

Ich kenne Leute, die haben ihr Leben lang gesagt: »Ich bin gut. Ich bin recht.« Und dann sterben sie und lassen die letzte Hand los – und entdecken: Das Schiff unseres Lebens fährt auf dem dunklen Strom der Ewigkeit – Gott entgegen. Sie haben nichts mitnehmen können: kein Häuschen, kein Bankkonto, kein Sparkassenbuch – nur ihre Schuld. So fährt man vor Gott. Schauerlich! Doch das ist das Sterben der Menschen. Und wenn Sie sagen: »So sterben sie alle!« – dann sterben sie alle so! Aber Sie müssen nicht so sterben! Jesus gibt Vergebung der Sünden! Das ist jetzt schon die größte Befreiung, die es gibt.

Ich war ein junger Bursche von 18 Jahren, als ich erfuhr, was Vergebung der Sünden ist: Die Kette fiel ab! Es heißt in einem Liede: »Die Sünden sind vergeben, / Das ist ein Wort zum Leben / Für den gequälten Geist. / Sie sind's in Jesu Namen.« Ich wünsche Ihnen, dass Sie das auch erfahren! Gehen Sie hin zu Jesus! Heute. Er wartet auf Sie. Und sagen Sie ihm: »Herr, mein Leben ist ganz verkorkst und voll Schuld. Ich habe das immer verschwiegen und gut von mir geredet. Jetzt lege ich's dir hin. Jetzt will ich glauben, dass dein Blut meine Schuld austilgt.« Das ist eine herrliche Sache, die Vergebung der Sünden!

Im 17. Jahrhundert lebte in England ein Mann namens Bunyan. Dieser Bunyan wurde um seines Glaubens willen jahrelang ins Gefängnis gesperrt. Das hat's zu allen Zeiten gegeben. Neben dem Worte Gottes sind Gefängnisse das Stabilste, was es in der Menschheit gibt. Und da im Gefängnis hat dieser Bunyan ein wunderschönes Buch geschrieben, das heute noch aktuell ist. Da schildert er das Leben eines Christen wie eine ganz gefährliche, abenteuerliche Wanderung. Das fängt so an: Da lebt einer in der Stadt Welt. Auf einmal wird er unruhig und sagt etwa so: »Es stimmt hier nicht. Ich bin friedelos. Ich bin unglücklich. Ich müsste hier raus.« Er redet mit seiner Frau. Die erklärt ihm: »Du bist nervös. Du brauchst Erholung.« Aber das hilft ihm alles nichts. Die Unruhe bleibt. Und eines Tages merkt er: »Es hilft nichts. Ich muss raus aus dieser Stadt!« Und dann flieht er. Als er loswandert, merkt er, dass er eine Last auf dem Buckel hat. Er will sie abtun, aber er wird sie nicht los. Je weiter er wandert, desto schwerer wird sie. Bisher hatte er die Last nicht so gespürt. Sie war selbstverständlich. Aber als er sich entfernt von der Stadt Welt, wird die Last immer größer. Schließlich kann er kaum mehr weiter. Und dann geht er mühselig einen Pfad im Gebirge hoch. Er kann nicht mehr mit der Last. Da kommt er um eine Wegbiegung, und vor ihm taucht ein Kreuzesbild auf. Beinahe bewusstlos sinkt er vor dem Kreuz nieder, hält sich daran fest und blickt daran empor. Im selben Augenblick spürt er, wie die Last sich löst und polternd in den Abgrund stürzt.

Ein wundervolles Bild für das, was ein Mensch erleben kann am Kreuze Jesu Christi: »Da blick ich auf und sehe / Im Geiste Gottes Lamm, / Wie es für mich geblutet hat / Und starb am Kreuzesstamm. / Dann muss ich schamerfüllt gestehn: / Zwei Wunder ich hier find', / Das Wunder seiner großen Lieb' / Und meiner großen Sünd'.« Vergebung der Sünden: Der Heiland hat für mich bezahlt. Meine Schuldkette wird mir abgetan. Ich werde meine Last los. Das kann uns nur Jesus schenken: Vergebung der Sünden!

Wozu Jesus? Ich muss Ihnen noch etwas sagen, warum ich an Jesus glaube:

Jesus ist der gute Hirte

Sie haben doch alle schon in Ihrem Leben erfahren, wie unendlich einsam man sein kann und wie leer doch das Leben ist. Dann spüren Sie plötzlich: »Mir fehlt was! Aber was?« Ich will's Ihnen sagen: Es fehlt Ihnen der lebendige Heiland!

Eben habe ich erzählt, dass Jesus am Kreuze starb, um unsere Schuld zu bezahlen. Merken Sie sich den Satz: »Die Strafe liegt auf ihm, auf dass wir Frieden hätten.« Und dann hat man ihn ins Grab gelegt, in ein Felsengrab. Eine schwere Felsenplatte wurde davorgewälzt. Und damit man ganz sicherging, hatte der römische Statthalter noch ein Siegel angebracht und Posten davor aufziehen lassen, römische Legionäre. Ich stelle mir großartige Kerle darunter vor, Kerle, die in allen Ländern der Erde gekämpft hatten: in Gallien (dem heutigen Frankreich), in Germanien (in Deutschland also), in Asien und in Afrika. Narbenbedeckte Burschen waren das. Die stehen also im Morgengrauen des dritten Tages da mit dem Schild am Arm, dem Wurfspeer in der rechten Hand und dem Helm auf dem Kopf. Ein römischer Legionär wartete. Auf ihn konnte man sich verlassen. Und dann wird's auf einmal taghell. Die Bibel sagt: »Ein Engel vom Himmel schleuderte den Stein weg.« Und Jesus kommt aus dem Grabe! So gewaltig ist das, dass die Kriegsknechte in Ohnmacht fallen. Ein paar Stunden später begegnet Jesus einem armen Mädchen. Die Bibel sagt von ihr, sie habe sieben Teufel in sich gehabt, die Jesus ausgetrieben hatte. Dieses Mädchen weint. Da kommt Jesus zu ihr. Und da fällt das Mädchen nicht in Ohnmacht. Im Gegenteil. Es freut sich, als es den auferstandenen Herrn Jesus erkennt, und sagt: »Meister!« Es ist getröstet, weil es weiß: »Jesus, der gute Hirte, lebt und ist bei mir!«

Und sehen Sie, auch darum möchte ich Jesus haben: Ich brauche einen, dessen Hand ich halten kann! Mich hat das Leben in sehr dunkle Tiefen geworfen. Ich habe um meines Glaubens willen in nazistischen Gefängnissen gesessen. Da gab es Stunden, in denen ich dachte: »Jetzt ist es noch ein Schritt, bis das dunkle Reich des Wahnsinns beginnt, wo man nicht mehr zurückkann.« Und dann kam Jesus! Und es wurde alles gut!

Das kann ich Ihnen nur so bezeugen. Ich habe einen Abend im Gefängnis erlebt, an dem die Hölle los war. Da haben sie einen durchgehenden Transport von Leuten eingeliefert, die ins KZ gebracht werden sollten, Leute, die gar keine Hoffnung mehr hatten, teils Kriminelle, teils schuldlose Leute, Juden. Diese Leute packte an einem Samstagabend die Verzweiflung. Und dann brüllte alles los. Das können Sie sich gar nicht vorstellen.

Ein ganzes Haus mit lauter Zellen voll Verzweiflung, wo alles schreit und gegen die Wände und Türen donnert. Die Wärter werden nervös und knallen mit ihren Revolvern gegen die Decke, rennen herum, prügeln einen zusammen. Und ich sitze in meiner Zelle und denke: »So wird die Hölle sein.« Das kann man schlecht schildern. In dieser Situation nun fällt mir ein: »Jesus! Er ist ja da!« Ich erzähle Ihnen, was ich tatsächlich selber erlebt habe. Dann habe ich nur leise – ganz leise – in meiner Zelle gesagt: »Jesus! Jesus! Jesus!!!« Und in drei Minuten wurde es still. Verstehen Sie: Ich rief ihn an, das hörte kein Mensch, nur er – und die Dämonen mussten weichen! Und dann sang ich, was streng verboten war, ganz laut: »Jesu, meine Freude, / Meines Herzens Weide, / Jesu, meine Zier. / Ach, wie lang, ach lange / Ist dem Herzen bange / Und verlangt nach dir!« Und alle Gefangenen hörten es. Die Wärter sagten kein Wort, dass ich laut sang: »Mag von Ungewittern / Rings die Welt erzittern, / Mir steht Jesus bei!« Meine Freunde, da habe ich etwas gespürt, was das bedeutet, einen lebendigen Heiland zu haben.

Wir müssen einmal alle – ich sprach schon davon – durch eine ganz große Not, durch die Not des Sterbens. Es hat mir mal einer vorgeworfen: »Ihr Pfarrer macht den Leuten immer Angst mit dem Sterben!« Da habe ich geantwortet: »Davor brauche ich keinem Angst zu machen, davor haben wir ja alle Angst!« Und da – im Sterben – die Hand des guten Hirten halten dürfen! Aber man sagt mir – und das ist richtig: »Der heutige Mensch hat weniger Angst vorm Sterben als vorm Leben. Das Leben ist schrecklich, schlimmer als das Sterben!« Auch das gibt's, meine Freunde: Im Leben einen Heiland haben!

Ich muss Ihnen noch einmal eine Geschichte erzählen, die ich schon oft erzählt habe. Sie ist unglaublich, aber wahr. Da hatte ich in Essen einen Herrn aus der Industrie kennen gelernt, so einen wohlgelaunten, wissen Sie: »Herr Pfarrer, das ist nett, dass Sie die Kinder zum Guten anhalten. Hier haben Sie einen Hundertmarkschein für Ihre Arbeit.« Und ich sage: »Na, und Sie selber?« »Nein, nein, Herr Pfarrer, wissen Sie, ich habe nun doch schon eine eigene Weltanschauung …« Verstehen Sie: Ein guter Kerl, aber so fern von Gott wie der Mond vom Sirius. Eines Tages hatte ich eine Trauung. Das ist oft ein bisschen trostlos in einer riesigen kahlen Kirche. Und dann kommen da das Brautpaar und vielleicht zehn weitere Leute. Die sitzen da so ein bisschen verloren in der riesigen Kirche. Und mein wohlgelaunter Herr aus der Industrie war Trauzeuge! Der arme Mann tat mir richtig Leid: einen sehr eleganten Frack an, den Zylinderhut in der Hand. Und er wusste jetzt einfach nicht, wie man sich in der Kirche benimmt. Man merkte ihm an, dass er sich fragte: »Muss ich jetzt niederknien? Soll ich ein Kreuz schlagen? Oder was ist richtig?« Na, ich half ihm so ein bisschen, nahm ihm den Zylinder ab und legte den auf die Seite. Dann wurde ein Lied gesungen. Da hatte er natürlich keine Ahnung, aber er tat wenigstens so. Können Sie sich den Herrn vorstellen? Ein Mann, der so richtig in die Welt passt! Und dann passierte etwas ganz Merkwürdiges: Die Braut war Helferin im Kindergottesdienst gewesen. Und so sangen nun bei der Trauung etwa 30 kleine Mädchen von der Galerie herunter ein Lied. Mit ihren süßen Stimmchen sangen sie das ganz einfache Kinderlied, das Sie vielleicht kennen: »Weil ich Jesu Schäflein bin, / Freu ich mich nur immerhin / Über meinen guten Hirten ...« Und da denke ich: »Was ist denn bloß mit dem Mann da los? Wird der krank?« Er sackt zusammen, schlägt die Hände vors Gesicht, zittert. Ich sage mir: »Dem ist was zugestoßen! Ich muss einen Sanitäter rufen.« Doch dann merke ich: Der Mann weint, hemmungslos. »... Über meinen guten Hirten, / Der mich wohl weiß zu bewirten«, sangen die Kinder, »Der mich liebet, / Der mich kennt / Und bei meinem Namen nennt. – Unter seinem sanften Stab / Geh ich aus und ein und hab / Unaussprechlich süße Weide ...« Und da sitzt der Mann, der große Industrielle, und weint! Auf einmal begriff ich, was da passierte in der kahlen Kirche. Dem Mann ging auf: »Die Kinder haben, was ich nicht habe: einen guten Hirten. Ich aber bin ein einsamer, verlorener Mann!«

Ihr Männer – und ihr Frauen –, Sie können es im Leben nicht weiter bringen, als dass Sie wie diese Kinder sagen können: »Ich freue mich, dass ich zur Herde Jesu Christi gehöre und einen guten Hirten habe.« Sie können es nicht weiter bringen! Sehen Sie zu, dass Sie das sagen können! Warum ich an Jesus glaube? Weil er der gute Hirte ist, der beste Freund, mein lebendiger Heiland.

Wozu Jesus? Ich möchte Ihnen noch ein Letztes sagen:

Jesus ist der Fürst des Lebens

Vor Jahren hatte ich einmal eine Freizeit im Böhmerwald. Nachdem die Jungen abgereist waren, musste ich noch einen Tag warten, weil ich mit dem Auto abgeholt wurde, und wohnte an dem Abend in einem alten Jagdschloss, das irgendeinem König gehört hatte. Jetzt wohnte da nur noch ein Förster. Das Haus war halb verfallen. Es gab kein elektrisches Licht. Aber es gab ein riesiges Wohnzimmer mit einem offenen Kamin, in dem etwas Feuer gemacht war. Man stellte mir eine Petroleumlampe hin und wünschte mir: »Gute Nacht!« Draußen heulte der Sturm. Der Regen peitschte durch die Tannen, die ums Haus herum standen. Wissen Sie: eine Stelle, um eine zünftige Räubergeschichte zu erleben. Und ich hatte ausnahmsweise gar nichts zu lesen bei mir. Da finde ich auf dem Kaminsims ein Broschürchen. Und darin las ich dann unter der Petroleumlampe. So etwas Schreckliches aber hatte ich noch nie gelesen. Ein Arzt hatte in dem Schriftchen seine ganze Wut gegen den Tod ausgekocht. Seitenweise hieß es etwa so: »O du Tod, du Feind der Menschheit! Jetzt habe ich eine Woche lang gerungen um ein Menschenleben und denke, den Mann über den Berg zu haben, und dann erhebst du dich grinsend hinter der Bettstatt und greifst zu – und alles war vergeblich. Ich kann Menschen heilen, und dann weiß ich, es ist doch vergeblich – du kommst mit deiner Knochenhand. O du Betrüger, du Tod, du Feind!« Seitenweise nur Hass gegen den Tod! Und dann kam das Schrecklichste: »Du Tod, du Punkt, du Ausrufezeichen!« Und wörtlich fuhr er fort: »O verdammt, wenn du doch ein Ausrufezeichen wärest! Aber wenn ich dich ansehe, dann verwandelst du dich in ein Fragezeichen. Und ich frage mich: Ist der Tod ein Ende, oder ist er nicht ein Ende? Was kommt? Tod, du gemeines Fragezeichen!«

Das ist's! Und ich kann Ihnen sagen, dass mit dem Tode nicht alles aus ist! Jesus, der Bescheid weiß, hat gesagt: »Der Weg ist breit, der in die Verdammnis führt, und der Weg ist schmal, der zum Leben führt!« Hier aber fallen die Würfel! Und nun freue ich mich, dass ich einen Heiland habe, der hier schon das Leben gibt und das Leben ist und zum Leben führt. Darum verkündige ich ihn so gern.

Sehen Sie: Ich war im Ersten Weltkrieg wochenlang bei Verdun, wo damals eine der größten Schlachten tobte. Zwischen den Linien lagen Leichen über Leichen. Ich bin mein Leben lang diesen süßlichen Leichengeruch nicht mehr losgeworden. Und immer, wenn ich so ein Ehrenmal sehe: »Es fielen fürs Vaterland«, dann rieche ich den Geruch von Verdun, den Leichengeruch. Und wenn ich denke: »In hundert Jahren sind wir alle nicht mehr da«, dann weht mich dieser entsetzliche Todeshauch an. Spüren Sie den nicht?

Und in dieser Todeswelt ist einer, der von den Toten auferstanden ist! Und der sagt – denken Sie! –: »Ich lebe, und ihr sollt auch leben! Glaubt an mich. Kommt her zu mir! Bekehret euch zu mir! Werdet mein Eigentum! Ich führe euch zum Leben!« Ist das nicht wundervoll? Wie kann man in dieser Todeswelt überhaupt leben ohne diesen Heiland, der das Leben ist und zum ewigen Leben führt?

Ich habe in diesen Tagen einen alten Brief gelesen, den Professor Karl Heim abgedruckt hat. Es ist der Brief eines im Zweiten Weltkrieg in Russland gefallenen Soldaten, eines Christen. In dem Brief heißt es etwa so: »Es ist grauenvoll um uns her! Wenn die Russen mit ihrer Stalinorgel schießen, dann kommt eine Panik über uns alle. Und die Kälte! Und der Schnee! Grauenvoll! Aber ich habe gar keine Angst. Wenn ich fallen sollte, so muss es wunderbar sein: Dann bin ich mit einem Schritt in der Herrlichkeit. Dann schweigt der Sturm – und ich sehe meinen Herrn von Angesicht zu Angesicht, und sein Glanz umgibt mich. Ich habe nichts dagegen, hier zu fallen.« Er ist kurz danach gefallen. Als ich das las, habe ich denken müssen: »Was ist das für eine Sache, dass ein junger Mann keine Angst vor dem Tode mehr hat, weil er Jesus kennt!«

Ja, Jesus ist der Fürst des Lebens! Und er gibt den Seinen eine gewisse Hoffnung des ewigen Lebens!

Es war auf dem Kirchentag in Leipzig: Empfang im Rathaus! Die Spitzen der Behörden und die Spitzen der Kirche waren versammelt. Und dann wurden Reden gehalten, möglichst unverbindlich, damit man sich nicht gegenseitig zu sehr auf die Hühneraugen trat. Heinrich Giesen, der damalige Generalsekretär des Deutschen Evangelischen Kirchentages, hatte das Schlusswort. Ich vergesse das nicht, wie Heinrich Giesen aufstand und sagte: »Sie fragen uns, meine Herren, was wir für Leute sind. Ich möchte es Ihnen mit einem Satz sagen: Wir sind Leute, die beten: ›Lieber Gott, mach mich fromm, dass ich in den Himmel komm.‹« Und dann setzte er sich hin. Es war unheimlich, wie die Leute auf einmal erschüttert waren.

Im Dreißigjährigen Krieg hat Paul Gerhardt gedichtet: »So will ich zwar nun treiben / Mein Leben durch die Welt, / Doch denk ich nicht zu bleiben / In diesem fremden Zelt. / Ich wandre meine Straßen, / Die zu der Heimat führt, / Da mich ohn alle Maßen / Mein Vater trösten wird.« Ich wünsche Ihnen, dass Sie auch so durch die Welt gehen können.

Wozu Jesus? Es hängt alles, aber alles davon ab, dass Sie ihn kennen lernen!

Wozu lebe ich?

Darum geht's also: Wozu lebe ich? Oder: Wozu bin ich auf der Welt? Oder: Welches ist der Sinn meines Lebens?

Eines Tages ruft mich in Essen ein Industrieller ganz aufgeregt an: »Herr Pfarrer, kommen Sie!« Ich rase hin. Da empfängt er mich mit den Worten: »Mein Sohn hat sich erschossen!« Ich kannte den Jungen. Er war Student. Er hatte alles, was sein Herz begehrte. Er war gesund, bildhübsch, jung und reich. Er besaß längst einen eigenen Wagen. Er war auch nicht in eine dumme Sache verwickelt. Und dieser junge Mann schießt sich eine Kugel in den Mund! In einem Brief, den er hinterließ, stand nur: »Ich sehe nicht ein, was es für einen Sinn haben soll, weiterzuleben. Darum mache ich Schluss. Mein Leben ist sinnlos!« Erschütternd!

Sehen Sie: Die Frage nach dem Sinn unseres Lebens ist so unheimlich wichtig! Und sie ist deshalb so ungeheuer wichtig, weil wir nur ein einziges Leben haben! Haben Sie mal darüber nachgedacht, was das bedeutet, dass wir nur ein einziges Leben haben?

Als ich noch in die Schule ging, da war ich in Mathematik nicht so ganz gut. Mein Lehrer hatte einfach kein Verständnis für meine Lösungen. Und wenn ich dann Mathematikaufgaben gemacht hatte, dann hat er manchmal – in völliger Verkennung meiner Begabung für ausgefallene Lösungen – mein Heft mit lauter roter Tinte verschmiert. Das war grässlich anzusehen. Wenn nun solch ein Heft richtig verschmiert war, dann habe ich es oft weggetan, selbst wenn es noch gar nicht voll geschrieben war, und mir ein neues gekauft, so ein schönes, sauberes. Da konnte ich ganz neu von vorne anfangen. Wenn man es doch auch mit dem Leben so machen könnte! Glauben Sie: Millionen von Menschen werden im Augenblick des Sterbens denken: »Ach, ich möchte, ich könnte noch einmal ganz von vorne anfangen! Ich würde alles anders machen!«

Ein Schulheft kann man neu kaufen und darin noch einmal von vorne anfangen – ein Leben aber nicht. Wir haben nur ein einziges Leben! Wie furchtbar muss das sein, wenn wir das verpatzt haben, wenn wir das falsch gelebt haben! Wir haben nur ein einziges Leben! Ist das verspielt, dann ist es in alle Ewigkeit verspielt. Das gibt dem, was ich Ihnen zu sagen habe, einen tödlichen Ernst.

Heute Morgen ist an meinem Hotel eine große Kuhherde vorbeigetrottet. Da ich mich gerade mit meinem Vortrag beschäftigte, habe ich gedacht: »Wie glücklich sind diese Kühe dran, die brauchen gar nicht über die Frage nachzudenken, wozu sie auf der Welt sind. Da ist die Sache klar: Milch geben und zum Schluss Rindfleisch liefern.« Sie verstehen: Das Tier braucht über den Sinn des Lebens nicht nachzudenken. Hier unterscheidet sich der Mensch vom Tier. Und das ist das Schreckliche, dass es eine Menge Menschen gibt, die leben und schließlich sterben und nie einmal gefragt haben: »Wozu lebe ich eigentlich?« Sie unterscheiden sich nicht vom Tier. Sie sehen: Die Grenze zum Tier ist sehr nah. Das macht einen Menschen zum Menschen, dass er fragt: »Wozu bin ich da? Wozu bin ich Mensch? Wozu lebe ich?«

Die oberflächlichen und vorschnellen Antworten

Nun, meine Freunde, es gibt furchtbar viele oberflächliche und vorschnelle Antworten auf die Frage »Wozu lebe ich?«. Ich habe vor vielen Jahren einmal alle diese oberflächlichen und vorschnellen Antworten auf einen Schlag bekommen. Es war im Jahre 1936, also mitten im Hitler-Reich. Studenten aus Münster hatten mich gebeten, ich möchte mit ihnen sprechen über das Thema »Was ist der Sinn meines Lebens?«. Und dann eröffneten sie mir gleich, sie wollten keinen Vortrag hören, sondern mit mir über dieses Thema diskutieren. »Gut«, sagte ich, »dann legen Sie mal los! Was ist der Sinn meines Lebens? Wozu lebe ich?«

Da die Diskussion – wie gesagt – im Hitler-Reich stattfand, stand natürlich sofort einer auf und erklärte: »Ich bin für mein

Volk da. Das ist wie Blatt und Baum. Das Blatt bedeutet nichts, der Baum ist alles. Ich bin für mein Volk da!« Darauf habe ich geantwortet: »Schön! Und wozu ist der Baum da, wozu ist das Volk da?« Pause! Das wusste er auch nicht. Verstehen Sie: Die eigentliche Frage war damit nicht beantwortet. Sie war lediglich zurückgeschoben. Da habe ich ihnen gesagt: »Liebe Leute, Sie dürfen nicht solche Antworten geben, womit die Frage nur zurückgestellt, zurückgeschoben wird!«

»Nun: Was ist der Sinn meines Lebens? Wozu lebe ich?«, fragte ich aufs Neue. Da erklärte ein anderer: »Ich bin auf der Welt, um meine Pflicht zu tun!« »Mensch!«, sagte ich, »das ist ja gerade der Witz: Was ist denn meine Pflicht? Ich halte es für meine Pflicht, Ihnen Gottes Wort zu sagen. Mathilde Ludendorff hält es für ihre Pflicht, Gott zu leugnen. Was ist denn Pflicht?« Mir hat ein hoher Beamter mal gesagt: »Herr Pfarrer, ganz im Vertrauen, ich zeichne den ganzen Tag Akten ab, aber wenn die alle verbrennen würden, dann ginge die Welt auch weiter. Ich leide darunter, dass ich im Grunde eine solch sinnlose Tätigkeit ausübe.« Was heißt Pflicht? Tausende von SS-Leuten haben im Dritten Reich Hunderttausende von Menschen umgebracht. Und wenn man sie vor Gericht stellt, dann behaupten sie: »Wir haben unsere Pflicht getan. Es war uns befohlen.« Glauben Sie, es ist die Pflicht eines Menschen, andere Menschen umzubringen? Das kann ich nicht glauben. Ich sagte also den Studenten: »Das ist ja gerade der Witz: Was ist denn meine Pflicht? Wer kann mir das sagen? Da sitzen wir wieder fest.«

Nun wurden die jungen Herren schon nachdenklicher. Dann stand einer auf und erklärte stolz: »Ich stamme aus einem alten Adelsgeschlecht. Meine Vorfahren kann ich um 16 Generationen zurückverfolgen. Eine große Ahnenreihe! Ist das nicht Lebensinhalt und Lebensaufgabe, diese Ahnenreihe gebührend fortzusetzen?« Da konnte ich nur antworten: »Mann! Wenn man nicht weiß, wozu die 16 Generationen gelebt haben, dann lohnt es sich doch auch nicht, eine siebzehnte dazuzusetzen!«

Verstehen Sie: Es gibt so viele oberflächliche und vorschnelle Antworten: Bei uns sieht man oft Todesanzeigen in den Zeitungen, worüber ein schreckliches Sprüchlein steht: »Nur Arbeit war dein Leben, / Nie dachtest du an dich. / Nur für die Deinen streben, / War deine höchste Pflicht.« Kennen Sie das auch? Jedes Mal, wenn ich das lese, gehe ich auf die Palme. Dann denke ich: »Das ist eine Todesanzeige für ein Pferd!« Nicht wahr? Ein Pferd hat zu arbeiten. Aber ich glaube nicht, dass ein Mensch nur dazu auf der Welt ist, um zu schuften. Das wäre ja kümmerlich. Dann würden wir ja besser mit 10 Jahren Selbstmord begehen, wenn nur das der Sinn unseres Lebens wäre: »Nur Arbeit war dein Leben …« Das ist ja grauenvoll! Nein, das ist auch nicht der Sinn unseres Lebens.

Ein anderer von den Studenten erklärte mir damals: »Sehen Sie: Ich will Arzt werden. Und wenn ich Menschenleben retten kann, ist das nicht ein schöner Lebensinhalt?« Da habe ich erwidert: »Gut! Aber wenn Sie nicht wissen, wozu der Mensch lebt, dann hat es doch gar keinen Sinn, das Menschenleben zu retten. Dann geben Sie den Menschen doch besser eine Spritze zum Sterben.« Verstehen Sie bitte recht: Erzählen Sie jetzt nicht, ich hätte gesagt, man solle den Leuten eine Spritze zum Sterben geben. Ich meinte: Das ist doch keine letzte Antwort auf unsere Frage nach dem Sinn des Lebens.

Es ging mir damals erschütternd auf – es waren ja lauter Studenten –, wie selbst der Gebildete in unseren Tagen dahinlebt, ohne im Grunde zu wissen, wozu er überhaupt auf der Welt ist.

Darf ich eben zwischendurch bemerken: Sie werden sich vielleicht ein bisschen ärgern an der Form, in der ich rede. Ich kann natürlich auch gedrechselte Sätze mit vielen Fremdwörtern brauchen, aber dann sind Sie bestimmt nach einer halben Stunde eingeschlafen. Weil ich das aber schrecklich fürchte, rede ich lieber so, wie man auf der Straße miteinander redet. Ist das klar? Danke!

Sehen Sie: Wenn man das alles mal so durchgemacht hat, ich hab's ja nur angedeutet, dann kommt die Antwort, die ich damals in Münster von den Studenten auch bekam: »Das Leben hat überhaupt keinen tiefen Sinn. Es ist eine reine Zufälligkeit, dass ich geboren wurde. Es ist gar kein Sinn dahinter.

Und darum können wir am besten nur eins machen: das Leben genießen, so gut wir können.« Dies ist vielleicht die größte Anfechtung, die einen Menschen treffen kann, wenn ihm auf einmal durch den Sinn geht: »Mein Leben ist sinnlos. Es hat gar keinen Sinn. Hätten meine Eltern nicht geheiratet, wäre ich nicht gezeugt und geboren worden. Es ist rein zufällig, dass ich da bin. Im Grunde ist mein Leben völlig sinnlos.« Und wer ein schweres Leben hat, der ist in dem Moment sehr nahe am Selbstmord: »Wozu soll ich das Leben noch weiterführen? Wenn doch alles Zufall und Sinnlosigkeit ist, dann macht man doch besser Schluss!« Wissen Sie, dass die Zahl der Selbstmörder in Westdeutschland größer ist als die Zahl der Verkehrstoten? Wissen Sie, dass etwa 50 Prozent der Selbstmörder junge Leute unter 30 Jahren sind? Das ist die erschütternde Demonstration unserer Zeit: Wir sehen keinen Sinn mehr im Leben.

Ich habe oft mit Leuten gesprochen, die mir klagten: »Das Leben ist so sinnlos. Ich werf's weg – entweder in Vergnügen und Genießen oder in Selbstmord.« Dann habe ich gefragt: »Aber wenn's doch einen Sinn hätte?! Wenn es doch einen Sinn hätte – und Sie hätten gelebt, als wenn's keinen gehabt hätte!? Wie stünden Sie am Ende da?«

Es gibt in der Bibel ein Wort, das kann einem durch und durch gehen. Das heißt so: »Es ist den Menschen gesetzt, einmal zu sterben, danach aber das Gericht Gottes.« Sehen Sie: Dieses Wort der Bibel muss man kennen, um ganz ernst zu fragen: »Wozu lebe ich?« Wir können doch nicht sterben und ins Gericht Gottes gehen, wenn wir den Sinn unseres Lebens verpasst haben! Ist die Frage jetzt deutlich? Dann gehe ich jetzt einen Schritt weiter:

Wer kann denn Antwort geben?

Wer in aller Welt kann mir denn Antwort geben auf die Frage »Wozu lebe ich?« – wer? Die Kirche? Nein! Der Pfarrer? Nein! Der ist in derselben Lage wie Sie. Die Professoren? Die Philosophen? Auch sie können uns keine Antwort geben auf die Frage »Wozu lebe ich?«! Nur ein Einziger kann uns sagen, wozu wir leben: nämlich der, der uns ins Leben rief, der uns geschaffen hat – Gott!

Lassen Sie mich ein ganz dummes Beispiel brauchen: Eines Tages komme ich in eine Wohnung. Da sitzt da so ein richtiger Junge und bastelt mit Drähten und Lämpchen. Ich frage ihn: »Mann, was baust du denn da für eine Höllenmaschine? Was soll das werden?« Nun, er hat es mir erklärt, doch ich muss zugeben, dass ich es nicht verstanden habe. Aber ich habe denken müssen: »Da kommt kein anderer Mensch drauf, was das werden soll – bloß der, der's macht, kann sagen, was es werden soll und wozu es ist.«

So ist es auch mit unserem Leben: Nur der, der uns geschaffen hat, kann sagen, wozu er uns geschaffen hat! Das heißt: Auf die Frage »Wozu lebe ich?« können wir nur Antwort bekommen durch Offenbarung. Gott muss es uns sagen! Wenn ich nicht bereits die Bibel lesen würde, dann müsste ich durch diese Frage an die Bibel gelangen. Ich hielte es nicht mehr aus, wenn ich nicht wüsste, wozu ich auf dieser verfluchten Welt bin. Ist Ihnen das Wort »verfluchte Welt« zu hart? Nun – es ist ein Wort der Bibel. Wenn Sie mal ein halbes Jahr mit einem Großstadtpfarrer zusammen wären, dann wüssten Sie, was ich meine: dass diese Welt unter einem schrecklichen Fluch steht. Und ich könnte es nicht aushalten, darin zu leben, wenn ich nicht durch die Offenbarung Gottes Antwort bekäme.

Gott beantwortet uns die Frage nach dem Sinn des Lebens – in der Bibel. Und das ist ein Grund, warum die Bibel so wahnsinnig wichtig ist. Ich kenne Leute, die ganz erhaben sprechen: »Die Bibel lesen wir doch nicht!« Da kann ich nur antworten: »Ich kann's euch schriftlich geben, dass ihr noch nie ernsthaft nachgedacht habt über die Frage ›Wozu lebe ich?‹« Aber Dummheit ist eine weit verbreitete Krankheit – und wenn sie wehtäte, dann wäre die Welt mit Geschrei erfüllt. Ich will Ihnen die Antwort der Bibel mit einem Satz sagen: Gott hat uns geschaffen, dass wir seine Kinder werden!

Wie ein Vater sich gern in seinem Sohn spiegelt, so schuf Gott den Menschen »ihm zum Bilde«. Gott will, dass wir seine

Kinder werden, die mit ihm reden – und mit denen er reden kann, die ihn lieb haben – und die er liebt. Beten Sie eigentlich? Was ist es für einen Vater bitter, wenn sein Kind jahrelang nicht mit ihm spricht! Und ein Mensch, der nicht betet, redet nicht mit seinem himmlischen Vater! Sehen Sie: Gott möchte, dass wir seine Kinder sind, die mit ihm reden, die er lieb hat – und die ihn lieb haben. Dazu sind wir auf der Welt! Bitte, verstehen Sie mich jetzt richtig: Ich rede nicht von Kirche, von Dogma, von Religion und allem Möglichen, sondern ich rede vom lebendigen Gott. Und der hat Sie geschaffen, dass Sie sein Kind werden! Sind Sie das?

Jetzt muss ich einen Schritt weitergehen: Wir sollen Kinder Gottes sein – aber von Natur sind wir nicht Kinder Gottes. Am Anfang der Bibel heißt es: »Gott schuf den Menschen ihm zum Bilde.« Und dann berichtet die Bibel von einer ganz großen Katastrophe. Der Mensch war in völliger Freiheit geschaffen – und da entschließt der Mensch sich gegen Gott! Er nimmt von der Frucht, das heißt: »Ich möchte autonom sein! Ich kann ohne Gott leben!« Verstehen Sie: Der Adam hat nie bezweifelt, dass Gott existiert – aber er hat sich von ihm frei gemacht: »Ich führe mein Leben nach eigener Regie!«

Ich muss Ihnen hierzu eine Geschichte erzählen. Neulich fragt mich ein Mann auf der Straße: »Pastor Busch, Sie reden immer von Gott. Ich sehe ihn aber nicht. Sagen Sie mal: Wie kann ich Gott finden?« Da habe ich ihm geantwortet: »Hören Sie mal gut zu! Stellen Sie sich vor, es gäbe eine Zeitmaschine, mittels der ich Jahrtausende vor- und zurückgehen könnte. Mit dieser Zeitmaschine gehe ich also an den Anfang der Menschheit. Eines Abends gehe ich im Paradiesgarten spazieren. Sie kennen doch die Geschichte vom Sündenfall? Nun, da treffe ich hinter einem Strauch den Adam, den ersten Menschen. ›Guten Abend, Adam!‹, begrüße ich ihn. ›Guten Abend, Pastor Busch!‹, erwidert er. ›Du wunderst dich, mich zu sehen?‹, frage ich und erkläre ihm: ›Ich bin durch eine Verschiebung in den Kulissen des Welttheaters aus Versehen hier in den Garten des Paradieses geraten.‹ ›Ja‹, sagt er, ›was bist du denn so nachdenklich?‹

Da antworte ich dem Adam: ›Weißt du, ich denke gerade über eine Frage nach, die mir ein Mann gestellt hat, nämlich über die Frage: Wie kann ich Gott finden?‹ Laut lachend erklärt der Adam mir da: ›Das ist doch nicht das Problem, wie ich Gott finden kann! Er ist doch da! Sei doch ehrlich, Pastor Busch, euch geht's doch vielmehr darum, wie ihr ihn loswerden könntet. Das ist die Schwierigkeit, dass man ihn nicht loswird!‹«

Hat er Recht, der Adam? Gott ist da! Man kann ihn finden! Aber man wird ihn nicht los! Wenn ich mir die Geistesgeschichte der letzten 300 Jahre ansehe: Was ist da gerungen worden, Gott loszuwerden! Aber wir sind Gott nicht losgeworden. Meine Freunde, Sie glauben im Grunde alle, dass Gott existiert – aber Sie gehören ihm nicht. Sie machen es wie die meisten Leute: Man legt die Frage nach Gott auf Eis. Man leugnet ihn nicht – aber man gehört ihm auch nicht. Man ist kein Feind Gottes – aber man ist auch kein Freund Gottes. Und so lässt man das größte Problem seines Lebens ungelöst.

Ein Schweizer Arzt hat in einem Buch behauptet: Wenn ein Mensch die großen Lebensfragen nicht löst, dann bekommt er eine seelische Wunde, ein Trauma. Und er fährt fort: Wir im Abendland sind krank an Gott. Wir leugnen ihn nicht – aber wir gehören ihm auch nicht, ja, wir wollen ihn nicht. Deshalb sind wir krank an Gott. – Das glaube ich auch!

Wenn ich überall höre: »Der moderne Mensch interessiert sich nicht für Gott!«, kann ich nur antworten: »Dann steht es aber schlimm um den modernen Menschen! Nun – ich bin selber einer und interessiere mich dafür. Und ich halte mich nicht für antiquiert. Aber wenn der moderne Mensch sich ernsthaft nicht für seine Erlösung interessiert, dann ist das sehr schlimm!« Ich will mal ein ganz dummes Beispiel brauchen:

Stellen Sie sich einen Kochlehrling vor. Eines Tages erklärt der Chef: »Der interessiert sich überhaupt nicht für die Kocherei.« Ich frage: »Wofür interessiert er sich denn?« Da antwortet der Chef: »Für Schallplatten und Mädchen.« »Ja«, sage ich, »da müssen Sie eben mehr auf den Jungen eingehen und von jetzt ab nur noch über Schallplatten und Mädchen reden.« »Nee,

nee!«, erwiderte der Chef. »Wenn der Kerl sich nicht fürs Kochen interessiert, dann hat er seinen Beruf verfehlt!«

Verstehen Sie: Unser Beruf ist es, Kinder Gottes zu werden. Und wenn der moderne Mensch sich nicht dafür interessiert, dann hat er seinen Beruf als Mensch verfehlt. Da hat es gar keinen Sinn, mit ihm über alle möglichen und unmöglichen Dinge zu reden, die ihn vielleicht interessieren, sondern ich werde nicht aufhören zu sagen: Sie fangen erst an, Mensch zu sein, wenn Sie Kinder des lebendigen Gottes sind!

Die Antwort Gottes auf die Frage aller Fragen

Ich wiederhole: Wir sind von Natur nicht Kinder Gottes – aber wir sind auf der Welt, um Kinder Gottes zu sein. Und darum muss in unserem Leben etwas geschehen. Dazu beizutragen, das ist der Sinn dieses Vortrages. Ich bin nicht dazu da, Sie ein bisschen zu unterhalten, sondern ich möchte ein paar Menschen, die ihr Herz aufschließen, dazu helfen – ach, wenn es doch gelänge! –, dass ihr Leben sinnvoll wird.

Wir sind also nicht Kinder Gottes, wir lieben Gott nicht, wir übertreten seine Gebote, wir kümmern uns nicht um ihn, wir beten nicht – höchstens wenn wir mal in Druck sind, dann ziehen wir so ein bisschen die Notbremse. Deshalb ist die Frage aller Fragen: »Wie werde ich ein Kind des lebendigen Gottes?« Jetzt würde ich am liebsten Zettel und Bleistifte verteilen und sagen: »Schreiben Sie mal auf, was Sie denken, wie man ein Kind Gottes wird.« Da würden die einen sagen: »Dass ich ein guter Mensch bin!« Und die anderen würden sagen: »Dass ich eben doch an den Herrgott glaube!« Aber das ist alles zu wenig. Die Frage aller Fragen bleibt: »Wie werde ich ein Kind des lebendigen Gottes?«

Die Antwort auf diese Frage aller Fragen kann ich auch nur durch Offenbarung erfahren. Wie Gott mich als Kind annimmt, das muss er mir selber sagen. Das kann sich auch ein Pastor nicht ausdenken. Und die Bibel gibt eine ganz klare Antwort. Sie lautet: Nur durch Jesus! Meine Freunde, wenn ich auf Jesus komme, dann schlägt mein Herz höher, dann geht mein Puls schneller, dann bin ich bei dem Thema meines Lebens. Wenn ich ein Kind Gottes werden will, geht es nur durch Jesus!

Es gibt ein Wort in der Bibel, das wörtlich übersetzt so heißt: »Jesus kam aus der Welt Gottes in diese Welt.« Wir bekommen heute dauernd erzählt, die Bibel hätte ein altes und überholtes Weltbild: Oben ist der Himmel, unten ist die Erde. Das ist dummes Zeug. Solch ein Weltbild hat die Bibel gar nicht. Sie sagt vielmehr von Gott: »Von allen Seiten umgibst du mich.« Das ist etwas ganz anderes. Verstehen Sie: Selbst wenn ich unter die Erde flüchten würde, wäre Gott da. Die Bibel hat das, was wir heute modern bezeichnen könnten mit »Weltbild der Dimensionen«. Wir leben in der dreidimensionalen Welt: Länge, Höhe, Breite. Es gibt aber mehr Dimensionen. Und Gott ist in der anderen Dimension. Er ist ganz nah, eine Handbreit neben uns. Er geht mit Ihnen! Er hat Sie gesehen auf Ihren gottlosen Wegen. Aber wir können die Wand zur anderen Dimension nicht durchbrechen. Nur Gott kann sie durchbrechen. Und Gott hat die Wand durchbrochen und ist in Jesus zu uns gekommen!

Im Neuen Testament heißt es weiter von Jesus: »Er kam in sein Eigentum« – die Welt gehört doch ihm! – »und die Seinen nahmen ihn nicht auf.« Das ist die Geschichte des Evangeliums bis zu diesem Tage: Jesus kommt – und der Mensch macht die Türe zu. »Er kam in sein Eigentum, und die Seinen nahmen ihn nicht auf.« Eigentlich müsste nun ein Punkt kommen, eigentlich müsste die Sache Gottes mit den Menschen damit doch zu Ende sein. Aber nun geht's merkwürdigerweise doch weiter, und zwar so: »Wie viele ihn aber aufnahmen, denen gab er die Vollmacht, Gottes Kinder zu heißen.« So wird man also ein Kind Gottes, dass man Jesus aufnimmt! Haben Sie die Türen Ihres Lebens schon geöffnet für Jesus? »Wie viele ihn aber aufnahmen, denen gab er die Vollmacht, Gottes Kinder zu heißen.«

Ich war junger Offizier im Ersten Weltkrieg – fern von Gott, als mir das geschah, als ich das entdeckte und mein Leben Jesus auftat, ihn aufnahm. Das warf mein ganzes Leben über den Haufen. Aber ich habe es keinen Augenblick bereut. Ich bin um

Jesu willen schwere Wege geführt worden. Ich bin um Jesu willen ins Gefängnis geworfen worden. Ich habe um Jesu willen viel Not gelitten. Aber wenn ich noch hundert Leben hätte, ich würde vom ersten Moment ab, wo ich denken könnte, mich an dies Wort halten: »Wie viele ihn aber aufnahmen, denen gab er die Vollmacht, Gottes Kinder zu heißen.« Da wurde mein Leben sinnvoll, als ich ein Kind Gottes wurde! Es ist ganz egal, was ich bin, ob ich Pfarrer bin oder Straßenkehrer, Generaldirektor oder Schlosser, Hausfrau oder Lehrerin – mein Leben wird sinnvoll in dem Augenblick, wo ich ein Kind Gottes bin. Also: Sie müssen Jesus aufnehmen! Dann haben Sie den Sinn Ihres Lebens gefunden! Nur dann!

Es ist sehr interessant, daraufhin einmal die Menschen des Neuen Testaments zu studieren. Da kommt zum Beispiel eine Frau vor, deren Leben schrecklich sinnlos war: Maria Magdalena. Es heißt von ihr nur so andeutungsweise: »Sie war von sieben Teufeln besessen.« Also, ich kenne viele Leute, die sind von zwölf Teufeln besessen! Es wird ein furchtbares Leben gewesen sein: triebhaft, gebunden. Und sie litt darunter, wie sinnlos das war. Und dann kommt Jesus in ihr Leben, der Heiland, der Sohn Gottes, und treibt die Teufel aus. Das kann er! Das tut er! Von dem Augenblick gehört diese Frau dem Herrn Jesus an. Ihr Leben ist nicht mehr sinnlos. Und dann erlebt sie, dass Jesus ans Kreuz geschlagen wird und stirbt. Da kommt der Schrecken über sie: »Jetzt beginnt das alte sinnlose Dasein wieder.« Am Morgen des dritten Tages nach der Kreuzigung Jesu kniet sie in dem Garten bei dem Grabe Jesu und weint. Als sie zum Grabe Jesu gekommen war, da war es leer, und die Felsenplatte war weggewälzt. Ja, sein Leichnam war nicht einmal mehr da. Darum weint sie. Ich kann diese Frau so gut verstehen. Wenn ich heute Jesus verlieren würde, würde das bedeuten, dass ich in einen Abgrund von Sinnlosigkeit des Daseins stürzte. Ich verstehe sie: »Der Heiland ist weg. Jetzt ist mein Leben wieder sinnlos geworden.« Und dann hört sie plötzlich eine Stimme hinter sich: »Maria!« Sie fährt herum – und sieht ihn, Jesus, den Auferstandenen. Ich sehe es förmlich vor mir, wie die Tränen des Glücks und der Freude und der überwundenen Verzweiflung über ihr Gesicht strömen: »Rabbuni! Mein Herr!«

An dieser Frau wird mir so deutlich, dass man keine große Philosophie braucht, um Antwort auf die Frage nach dem Sinn des Lebens zu bekommen. Dem schlichtesten Menschen ist klar: »Mein Leben ist sinnlos! Wozu lebe ich eigentlich?« In dem Augenblick, wo diese Maria Magdalena Jesus aufgenommen hat, ist die Frage nach dem Sinn des Lebens für sie gelöst, ist sie ein Kind des lebendigen Gottes geworden, ist ihr Leben ins Licht eines tiefen und großen Sinns gestellt!

Und darum möchte ich Sie bitten: Nehmen sie Jesus auf! Er wartet auf Sie! Wenn Sie nach Hause gehen, können Sie mit ihm reden. Er ist Ihnen sehr nahe. Es wäre eine großartige Sache, wenn manch einer zum ersten Mal Jesus anriefe: »Herr Jesus! Mein Leben ist sinnlos. Komm du zu mir wie zu Maria Magdalena!«

Wenn wir Jesus aufnehmen, gibt's allerdings in unserem Leben eine große Revolution: Er gibt mir teil an seinem Tode, dass der alte Mensch stirbt. Ich darf mit ihm auferstehen zu einem ganz neuen Leben als Kind Gottes. Er gibt mir seinen Geist, dass ich auf einmal anders denke und einen anderen Geschmack kriege. Aber das erleben Sie schon. Nehmen Sie nur erst mal Jesus auf! Das möchte ich Ihnen aber gleich sagen: Wenn man Jesus aufnimmt, bekommt man eine neue Existenz. Ein Kind Gottes zu werden, bedeutet nicht eine Veränderung des Denkens, sondern eine ganz neue Existenz.

Im Westfälischen lebte im vorigen Jahrhundert ein Schuhmacher namens Rahlenbeck. Den hat man bloß den »Fienen-Pastor«, den »Pietisten-Pfarrer« genannt, weil er mit großem Ernst in der Nachfolge Jesu stand. Er war ein gewaltiger und gesegneter Mann. Eines Tages besuchte ihn ein junger Pfarrer. Rahlenbeck sagte zu ihm: »Herr Pfarrer, Ihr Theologiestudium garantiert auch noch nicht, dass Sie ein Kind Gottes sind. Sie müssen den Heiland aufnehmen!« Da antwortet der Pfarrer: »Ja, den Heiland habe ich. Ich habe sogar ein Bild von ihm im Studierzimmer hängen.« Darauf erwidert der alte Rahlenbeck:

»Ja, an der Wand ist der Heiland ganz ruhig und friedlich. Aber wenn Sie den in Ihr Herz und Leben aufnehmen, dann gibt's Rumor!«

Ich wünsche Ihnen, dass Sie diesen herrlichen Rumor erleben, wo das Alte stirbt und man als Kind Gottes den Vater im Himmel preisen kann, weil man weiß, wozu man auf der Welt ist, wo man als Kind Gottes den Vater im Himmel ehren kann mit Werken, Worten und Gedanken.

Sie verstehen: Was ich Ihnen vortrage, ist nicht ein religiöses Hobby, nicht die Idee eines Pfarrers, sondern Leben und Tod hängen für Sie daran, ewiges Leben und ewiger Tod.

Der Herr Jesus sagt: »Siehe, ich stehe vor der Tür und klopfe an. So jemand meine Stimme hören und die Tür auftun wird, zu dem werde ich eingehen.« So sagt der Herr Jesus auch zu uns: »Siehe, ich stehe vor der Tür deines Lebens. Mach auf! Ich will deinem Leben Sinn geben!«

Da kam einmal ein alter Bergmann zu mir und sagte: »Ich muss Sie sprechen, Herr Pfarrer!« Er war 70 Jahre alt und erzählte mir: »Als ich 17 Jahre war, kam ich mal in solch eine Evangelisationsversammlung. Und da merkte ich, dass Jesus bei mir anklopft. Aber da habe ich mir gesagt: ›Wenn ich damit Ernst mache und nehme ihn auf, Mensch, dann lachen mich alle meine Kameraden aus. Es ist unmöglich.‹ Und dann bin ich rausgelaufen.« Und er fuhr fort: »Nun ist mein Leben verflossen. Ich bin alt geworden. Und jetzt weiß ich, dass mein Leben falsch war, weil ich in jener Stunde Jesus nicht die Tür aufgetan habe!«

Meine Freunde, wir haben nur ein einziges Leben, und deshalb ist die Frage »Wozu lebe ich?« lebenswichtig. Gott hat die Frage in Jesus, dem Gekreuzigten und Auferstandenen, klipp und klar beantwortet. Und nun steht dieser Jesus vor Ihrer Tür und klopft an. Tun Sie ihm Ihr Leben auf – und Sie werden es nie bereuen!

Warum schweigt Gott?

Es geschehen schreckliche Dinge in der Welt! Ich ging – ich glaube, es war im Jahre 1937 – in Essen über die Straße, als mir ein 16-jähriger Junge ganz verstört entgegenkam. Weil ich ihn von meiner Jugendarbeit her kannte, fragte ich ihn: »Was ist mit dir los?« Darauf antwortete er mir: »Mich haben sie ins Krankenhaus geschleppt und sterilisiert, weil meine Mutter Jüdin ist. Und als ich nach Hause kam, waren meine Eltern fort.« Er hat sie nie wieder gesehen. Der Vater wurde verhaftet. Die Mutter kam nach Auschwitz ins Konzentrationslager! Ich habe den Jungen nur noch nach Holland schaffen können. Von dort kam er weiter nach Amerika. Aber ich werde nie das Bild dieses verstörten Jungen vergessen: »Mich haben sie ins Krankenhaus geschleppt und sterilisiert, weil meine Mutter Jüdin ist. Und als ich nach Hause kam, waren meine Eltern fort!« Und Ähnliches geschah Millionen Mal! Da tauchen einem schon die Fragen auf: »Und Gott?« – »Wo ist denn Gott?« – »Hat er gar nichts dazu zu sagen?« – »Warum schweigt Gott?«

In Köln ist ein Verrückter mit einem Flammenwerfer in eine Volksschule eingedrungen: 12 kleine Kinder brachte er um! Da stehen doch die Fragen vor einem: »Und Gott?« – »Warum schweigt Gott?«

Oder ich denke an eine junge Frau, die Krebs hat. Langsam und unter schrecklichen Qualen stirbt sie von ihren Kindern weg. Wer das so miterlebt, der muss doch fragen: »Und Gott?« – »Warum schweigt Gott?«

Es gibt viele Leute, die könnten jetzt ihre Geschichte erzählen und am Schluss fragen: »Und Gott?« – »Wo war denn Gott?« – »Warum schweigt Gott?«

Unser lieber deutscher Dichter Friedrich Schiller hat einmal ein »Lied an die Freude« gedichtet: »Freude, schöner Götterfunken, Töchter aus Elysium …« Darin kommt die Zeile vor: »Brüder, überm Sternenzelt muss ein lieber Vater wohnen.« Doch der Mensch von heute ist versucht zu sagen: »Brüder, überm Sternenzelt kann kein lieber Vater wohnen!«

Wem das nun so begegnet, wem sich auf einmal die Fragen aufdrängen: »Wo ist Gott?« – »Warum lässt er das zu?« – »Warum schweigt er zu all den schrecklichen Dingen?«, der kommt vielleicht an den Punkt, wo der gefährliche Gedanke auftaucht: »Vielleicht gibt es gar keinen Gott?! Vielleicht ist der Himmel leer?! Vielleicht ist der Atheismus doch das Wahre?!« Meine Freunde, wem diese Gedanken kommen, der sollte sich entsetzen. Denn wenn es wahr wäre, dass kein Gott lebt, dann wäre das fürchterlich. Dann wären wir Menschen – wir Bestien! – allein gelassen. Dann wären wir wie verlorene Kinder, die ihren Weg nach Hause nicht mehr wissen. Kein Gott da!? Das wäre schauerlich! Wenn mir Leute erklären: »Ich bin Atheist!«, dann sage ich: »Ihr ahnt ja nicht, was ihr damit aussprecht! Über uns nichts! Wir allein gelassen! Wir allein untereinander!« Nichts ist schrecklicher für den Menschen als der Mensch, nicht? Die Römer hatten ein Sprichwort: »Homo homini lupus.« Das heißt: »Ein Mensch ist des anderen Wolf« – schrecklich!

Das kann ich gar nicht aussprechen, wie oft ich als Pfarrer diesen Satz zu hören bekommen habe: »Wie kann Gott das alles zulassen? Warum schweigt Gott zu alldem?« Und weil ich das so oft gefragt worden bin, möchte ich jetzt darauf antworten.

Ich muss aber von vornherein sagen: Ich bin nicht Gottes Geheimsekretär. Er hat mir seine Pläne nicht anvertraut oder ins Stenogramm diktiert. Verstehen Sie? An sich ist es schon ein bisschen dumm, so zu fragen, als wenn wir Gott verstehen könnten. Der Gott, den ich verstehen kann, der wäre höchstens ein Dekan oder ein Superintendent. Die kann ich noch verstehen. Aber das könnte kein Gott sein, den ich richtig verstehen kann. Gott sagt einmal in der Bibel: »Meine Gedanken sind nicht eure Gedanken, und meine Wege sind nicht eure Wege.« Das ist sehr einleuchtend.

Aber ich habe aus der Bibel doch einige Erkenntnisse bekommen und möchte nun, so gut ich kann, antworten auf die Frage: »Warum schweigt Gott?«

Die grundfalsche Fragestellung

Das möchte ich zuerst einmal sagen: Die Frage »Warum schweigt Gott?« ist verkehrt gestellt. Sie ist nämlich so gestellt, als wenn da ein Gerichtssaal wäre: Auf dem Richterstuhl sitzt Frau Schulze oder Pastor Busch. Und auf der Anklagebank sitzt Gott. Und dann sagen wir: »Angeklagter Gott, wie kannst du das alles zulassen? Warum schweigst du?« Ich möchte Ihnen in aller Deutlichkeit sagen: Einen Gott, der uns auf dem Richterstuhl sitzen lässt und sich auf die Anklagebank setzt, den gibt es nicht!

Ich erinnere mich einer tollen Szene, als ich noch ganz junger Pfarrer war. Mit 27 Jahren war ich gerade nach Essen gekommen, als ein großer Bergarbeiterstreik ausbrach, der damals die Gemüter sehr erregte. Eines Tages komme ich an einem freien Platz vorbei. Da steht ein Mann auf der Seifenkiste und redet gewaltig auf die um ihn stehenden Leute ein. Er spricht von hungrigen Kindern, Ausbeuterlöhnen und Arbeitslosigkeit. Auf einmal sieht er mich, erkennt mich und brüllt los: »Ha, da ist ja der Pfaffe! Komm mal her!« Nun, einer freundlichen Einladung folge ich meistens. So gehe ich also zu diesem Haufen hin. Die Männer machen mir Platz, so dass ich bis zu dem Redner vordringe. Vielleicht hundert Bergleute stehen um mich herum. Mir war schon ein bisschen wunderlich zumute. Auf solche Situationen war ich auf der Universität nicht vorbereitet worden. Und dann legt der los: »Hör mal, Pfaffe! Wenn's einen Gott gibt, was ich nicht weiß, aber es kann ja einen geben, dann will ich, wenn ich gestorben bin, vor ihn treten und zu ihm sagen« – und dann schrie er –: »»Warum hast du zugelassen, dass Menschen auf Schlachtfeldern zerfetzt wurden?! Warum hast du zugelassen, dass Kinder verhungert sind und andere das Essen wegschütten, weil sie zu viel hatten?! Warum hast du zugelassen, dass Menschen an Krebs elend dahingesiecht sind?! Warum? Warum?‹ Und dann will ich zu ihm sagen:

›Du, Gott, tritt ab! Weg mit dir! Hau ab!« So schrie der Mann. Da habe ich auch geschrien: »Ganz richtig! Weg mit diesem Gott! Weg mit diesem Gott!« Auf einmal ist es ganz still. Der Redner macht ein erstauntes Gesicht und sagt: »Moment mal! Sie sind doch Pfarrer! Da dürfen Sie doch nicht schreien: ›Weg mit diesem Gott!‹« Darauf habe ich geantwortet: »Hör mal zu! Den Gott, vor den du so trittst, vor dem du deinen Mund aufreißen kannst, der sich so zur Rechenschaft ziehen lässt, dass du als Richter vor ihm stehst und er dein Angeklagter ist – den gibt es nur in deiner Einbildung. Zu dem kann ich auch nur sagen: ›Hinweg mit diesem Gott!‹ Hinweg mit diesem albernen Gott, den unsere Zeit sich selbst gemacht hat, den wir anklagen, beiseite schieben oder zurückholen können – je nach Bedarf! Den Gott gibt es nicht! Aber ich will dir was sagen: Es gibt einen anderen wirklichen Gott. Vor den wirst du als Angeklagter treten, und da wirst du den Mund gar nicht aufmachen können, denn er wird dich fragen: ›Warum hast du mich nicht geehrt? Warum hast du mich nicht angerufen? Warum hast du in Unreinigkeit gelebt? Warum hast du gelogen? Warum hast du gehasst? Warum hast du gestritten? Warum hast du …?‹ So wird er dich fragen. Dann wird dir das Wort in der Kehle stecken bleiben! Und dann wirst du auf tausend nicht eins antworten können! Es gibt keinen Gott, zu dem wir sagen könnten: ›Hinweg mit dir!‹ Aber es gibt einen heiligen, lebendigen, wirklichen Gott, der zu uns einmal sagen könnte: ›Hinweg mit dir!‹«

Und das möchte ich Ihnen auch sagen: Wenn Sie heute Menschen hören, die Gott vorwerfen: »Wie kann Gott das alles zulassen? Warum schweigt Gott?«, dann sagen Sie ihnen: »Das wäre ein alberner, eingebildeter Gott, den wir anklagen könnten! Es gibt nur einen heiligen Gott, der uns anklagt, Sie und mich!« Haben Sie Gottes Gebote gehalten? Wie denken Sie sich das denn? Gott nimmt es ernst mit seinen Geboten. Wir sind die Angeklagten, nicht Gott!

Das ist das Erste, was ich in aller Deutlichkeit sagen musste. Die ganze Fragestellung ist grundfalsch.

Und nun das Zweite:

Das Schweigen Gottes ist sein Gericht

»Warum schweigt Gott?« Sehen Sie: Ja, Gott schweigt oft. Und Gottes Schweigen ist das schrecklichste Gericht über uns!

Ich bin überzeugt, dass es eine Hölle gibt. Die ist aber sicher nicht so, wie es auf den vielen Bildern dargestellt wird, dass da der Teufel die Seelen röstet oder ähnlich dummes Zeug. Sondern ich glaube, das wird die Hölle sein, dass Gott den Menschen nichts mehr zu sagen hat. Da können Sie ihn anrufen, da können Sie beten, da können Sie schreien – er antwortet Ihnen nicht mehr! Der russische Dichter Dostojewski hat einmal gesagt: »Die Hölle ist der Ort, wo Gott nicht mehr hinsieht« – und wo wir ihn endgültig los sind, wo wir wirklich von Gott verlassen sind. Ja, Gottes Schweigen ist sein Gericht. Und sehen Sie: Damit fängt die Hölle hier schon an, dass Gott schweigt.

Ich möchte Ihnen dazu eine Geschichte aus der Bibel erzählen: Da waren zwei Städte, Sodom und Gomorra, hoch kultivierte Städte mit einer verfeinerten Zivilisation. Man hat Gott nicht geleugnet. Es gab wahrscheinlich auch ein paar Pfarrer, so arme Typen. Aber man nahm Gott einfach nicht ernst. Vielleicht hat man bei Hochzeiten und Beerdigungen den lieben Gott noch bemüht, aber im Übrigen kümmerte man sich nicht um ihn. Man trat alle seine Gebote mit Füßen. In Sodom wohnte ein frommer Mann namens Lot. Der hat ab und zu gesagt: »So kann man nicht mit Gott umgehen! Irret euch nicht, Gott lässt sich nicht spotten! Was der Mensch sät, das wird er ernten!« »Ach«, haben die Leute geantwortet, »mach doch keine Witze! Du bist doch kein Pastor! Hör doch auf, solchen Unsinn zu reden: ›Was der Mensch sät, das wird er ernten‹!« Und dann geschah es eines Tages im Morgengrauen – Gott hatte den Lot vorher herausgeholt aus der Stadt –, dass Gott vom Himmel Feuer und Schwefel auf die Städte regnen ließ. Wie das ist, haben wir im Bombenkrieg erlebt. Aber Gott kann das auch ohne Flugzeuge machen. Ich kann mir vorstellen, wie die Leute aus dem Bett gestürzt sind und gebrüllt haben: »In die Keller!« Man rennt in die Keller. Und dann wird's glühend heiß im Keller – wie im Backofen. Man hält's nicht mehr aus. Neue Parole: »Wir müssen raus!« Und dann stürzt man raus. Aber draußen regnet's überall Feuer und Schwefel. Ratlose Menschen: Raus können sie nicht, und in den Kellern ersticken sie schier. So erzählt's die Bibel. Und da habe ich mir vorgestellt – das schildert die Bibel nicht –, dass so ein Trupp Menschen beieinander ist: eine mondäne junge Frau – den lieben Gott hat sie bisher einen guten Mann sein lassen; ein älterer Herr – der jede Rotweinmarke am Geschmack erkennen konnte, er hatte auch nichts gegen den lieben Gott, aber der war ihm völlig gleichgültig. Solche Typen waren da in einem Keller beieinander: nette Menschen, ordentliche Leute, brave Staatsbürger, gute Steuerzahler. Alle hatten ihre dunklen Geheimnisse – wie jeder Mensch heute auch. Es wird immer heißer in dem Keller. Sie wollen hinaus, aber sie können nicht, denn ringsum wütet das Verderben. Und dann packt sie das Grauen. Da sagt der dicke Herr auf einmal: »Leute, der Lot hat Recht gehabt: Gott lebt wirklich!« Und die mondäne junge Frau sagt: »Dann hilft nur noch eins: Man müsste jetzt beten! Wer kann denn beten?« Und dann erheben sich die Hände – im Altertum betete man mit erhobenen Händen –, die sich bisher nie erhoben haben. Auf einmal geht's: »Herr, erbarme dich doch! Wir haben gesündigt. Wir haben dich verachtet! Aber hör doch auf! Du bist doch der liebe Gott, du bist doch gnädig! Herr, erbarme dich doch!« Und es bleibt still! Nur das Heulen und Knistern des Feuers ist zu hören. Dann sinken die Arme nieder, die ausgebreiteten Hände ballen sich zu Fäusten: »Gott, warum schweigst du?!« Und es bleibt still! Man hört nur das Brausen des Feuers. Sie dürfen jetzt beten oder fluchen – Gott antwortet nicht mehr!

Es gibt eine Grenze, die kann ein Mensch oder eine Stadt oder ein Volk überschreiten, eine Grenze der Gleichgültigkeit gegen den lebendigen Gott. Von da ab hört oder antwortet Gott nicht mehr. Da dürfen Sie dann beten oder fluchen – er antwortet nicht mehr. Verstehen Sie, dass dieses Schweigen über Sodom das grauenvollste Gericht Gottes war? Gott hatte ihnen nichts mehr zu sagen! Und wenn ich unser Vaterland ansehe in seiner völligen Gleichgültigkeit gegen Gottes Wahrheit, gegen Gottes Gebote und gegen Gottes Heil, dann packt mich oft das Grauen. Vielleicht erleben Sie es noch, dass Sie beten oder fluchen – und Gott hat nichts mehr zu sagen.

Es heißt einmal in der Bibel von Gott: »Ich habe euch gerufen – und ihr habt nicht geantwortet.« Warum schweigst du, Mensch, wenn Gott dich ruft?

Also: Das Schweigen Gottes ist schrecklichstes Gericht Gottes!

Das Dritte, was ich sagen möchte, ist dies:

Die weite Entfernung verhindert das Hören

Wenn wir das Gefühl haben, dass Gott schweigt, dann kann es sein, dass wir von ihm zu weit weg sind!

Neulich kommt ein junger Mann zu mir und sagt: »Pastor Busch, Sie machen mich nervös! Sie reden dauernd von Gott. Ich laufe Ihnen über den Weg – und schon fangen Sie wieder von Gott an. Ich höre Gott nicht, ich sehe Gott nicht. Wo redet er denn? Ich höre nichts!« Da habe ich geantwortet: »Junger Mann, kennen Sie die Geschichte vom verlorenen Sohn?« »So ungefähr!«, erklärte er. »So ungefähr ist gar nichts. Ich will sie Ihnen erzählen, eine Geschichte, die Jesus selbst erzählt hat. Da war ein reicher Gutsbesitzer, der hatte zwei Söhne. Einer war so ein bisschen leichtfertig. Dem war es zu eng zu Hause, zu muffelig. Ihm passte es einfach nicht. Eines Tages erklärt er seinem Vater: ›Alter, gib mir mein Erbe, zahl mir's jetzt schon aus, ich möchte in die Welt!‹ Der Vater gibt ihm das, und der Sohn zieht in die weite Welt. Einmal heißt es von ihm: ›Er brachte sein Gut um mit Prassen.‹ Sie können es sich vorstellen: Man kann sein Geld in Großstädten wunderbar loswerden. Und ausgerechnet da kommen eine Hungersnot und Arbeitslosigkeit. Er sackt hoffnungslos ab und landet schließlich als Schweinehirte bei den Schweinen. In Israel galten die Schweine als unrein. Für einen Israeliten war das Schlimmste, was ihm passieren konnte, Schweinehirte zu werden. Weil aber Hungerszeit herrschte, war er froh, ein bisschen aus den Trögen der Schweine klauen und essen zu können. Dort konnte er die Stimme des Vaters nicht mehr hören. Er war einfach zu weit weg von ihm. Der verlorene Sohn konnte sagen: ›Ich höre die Stimme des Vaters nicht!‹ Klar! Die hörte er natürlich nicht!« – Erlauben Sie mir, dass ich hier einen Einschub mache und mir die Geschichte ausdenke, wie sie nicht in der Bibel steht. Da sitzt der Weggelaufene bei seinen Schweinen. Er hat Kohldampf. Und da klagt er seinen Vater an: »Wie kann der es zulassen, dass es mir so dreckig geht!« So kommt mir die Welt von heute vor: Sie hat Gott verlassen, das Elend stürzt über sie herein – und sie schreit: »Wie kann Gott das alles zulassen?! Warum schweigt Gott?!« – Doch Jesus erzählt die Geschichte vom verlorenen Sohn anders: Es gibt eine Stunde in seinem Leben, in der er zu sich kommt: »Ich bin ja wahnsinnig! Bei meinem Vater gibt's Brot in Fülle – und ich verderbe im Hunger. Ich will mich aufmachen und zu meinem Vater gehen und zu ihm sagen: ›Vater, ich habe gesündigt.‹« Und er macht sich auf und kehrt um! Sein Vater sieht ihn von ferne und läuft ihm entgegen. Der verlorene Sohn aber sprach zu ihm: »Vater, ich habe gesündigt!« Da nimmt ihn der Vater in die Arme und ruft: »Bringet das beste Kleid her und gebet ihm einen Fingerreif an seine Hand und Schuhe an seine Füße!« Auf einmal hört er die Stimme des Vaters. »Wenn Sie die Stimme Gottes nicht hören können, so sind Sie zu weit weg! Sie müssen umkehren, das wissen Sie ganz genau!«, sagte ich dem jungen Mann.

Menschen können sehr weit weg sein von Gott – sogar bis zu den Schweinen, bildlich gesprochen. Ich habe das in der Zeit größter Gottlosigkeit als Leutnant im Ersten Weltkrieg immer gewusst und gedacht: »Ich müsste eigentlich umkehren!« Und ich habe noch nie einen Menschen getroffen, der nicht im Grunde gewusst hätte: »Ich müsste eigentlich umkehren!« Die selbstgerechteste Frau erklärt: »Ich bin in Ordnung!« Aber wenn ich länger mit ihr rede, sagt sie: »Ja, ich müsste eigentlich umkehren! Es ist viel Schuld in meinem Leben. Im Grunde ist mein Herz ganz versteinert!«

Jeder von uns weiß: »Ich müsste eigentlich umkehren!« War-

um tun Sie es nicht? Kehren Sie doch um! Dann hören Sie auch
die Stimme des Vaters!

Ich muss einen weiteren Punkt sagen zu der Frage »Warum
schweigt Gott?«:

Wir müssen Gottes letztes Wort hören!

Können Sie noch zuhören? Bin ich langweilig? Also, wenn's
langweilig ist, liegt's an mir und nicht am Evangelium. Pfarrer
können's Evangelium langweilig machen, das kriegen sie hin!
Aber dann lesen Sie die Bibel ohne uns. Das Evangelium ist
atemberaubend – glauben Sie mir!

Was ich Ihnen jetzt sagen möchte, ist das Wichtigste: Wenn
Sie das Gefühl haben, Gott schweigt, dann müssen Sie Gottes
letztes Wort hören! Also – jetzt zitiere ich einen Satz der Bibel,
der ist so lang, dass ich ihn eigentlich zweimal sagen müsste.
Er steht im ersten Kapitel des Hebräerbriefs: »Nachdem Gott
vorzeiten manchmal und auf mancherlei Weise geredet hat zu
den Vätern durch die Propheten (durch Mose und Jeremia zum
Beispiel), hat er am letzten zu uns geredet durch seinen Sohn.«
Wissen Sie, wer der Sohn Gottes ist? Das ist Jesus!

Jesus! Da bin ich wieder beim Thema. Da schlägt mir's Herz
höher, wenn ich von Jesus reden kann. Dieser Jesus ist – so
wird er einmal genannt – das Mensch gewordene Wort Gottes:
»Das Wort ward Mensch und wohnte unter uns.« Verstehen Sie:
Wenn wir ein Wort sagen, dann ist es auch schon weg – wie ein
Hauch. Gott hat ein Wort Fleisch werden lassen – in Jesus. Jesus
ist Gottes letztes Wort!

Kennen Sie den Ausdruck »mein letztes Wort«? Also angenommen, ich wollte Ihnen eine Kuh verkaufen. Keine Angst,
ich tu's nicht! Ich hab keine Ahnung vom Kühe-Verkaufen.
Aber angenommen, ich wollte Ihnen eine Kuh verkaufen. Was
ist eine Kuh wert? Ich weiß es nicht. Sagen wir: 1000,- Mark.
Sie sagen: »300,- Mark gäbe ich dafür. Mehr nicht!« »Ich müsste
aber eigentlich 1200,- Mark dafür haben!«, erkläre ich. Dann
bieten Sie 400,- Mark. Dann erwidere ich: »1100,- Mark muss
ich haben!« Und dann handeln wir miteinander, bis ich er-

kläre: »Also: 800,- Mark ist mein letztes Wort!« Wenn ich jetzt kein Hampelmann bin, dann bleibt es dabei, und dann kommt danach nichts mehr. Jesus ist Gottes letztes Wort! Und wenn Sie den nicht aufnehmen, dann hat Ihnen Gott nichts mehr zu sagen. Verstehen Sie? Wenn die Menschen sich beschweren: »Gott redet nicht! Warum schweigt Gott?«, dann antworte ich: »Gott hat euch nichts mehr zu sagen, wenn ihr sein letztes Wort nicht annehmen wollt!« Sie müssen Jesus annehmen! Sie dürfen Jesus annehmen! Anders geht es nicht!

Ich treffe oft Leute, die mir sagen: »Ich glaube auch an den lieben Gott. Aber Jesus?« Hören Sie: Jesus ist das Fleisch gewordene, letzte Wort Gottes an uns! Was das bedeutet, muss ich Ihnen noch weiter erklären. Und dazu muss ich ein wenig von Jesus erzählen. Nichts tue ich lieber als das!

Da ist eine Menschenmenge um Jesus her. Und er spricht. Auf einmal gibt's hinten eine Störung. Die Leute fangen an zu reden und zu laufen. Jesus unterbricht seine Rede: »Was ist denn los?« Es war etwas Furchtbares los: Ein Aussätziger war gekommen. Wissen Sie, was Aussatz ist? Da verfault der Mensch bei lebendigem Leibe. Grauenvoll ist das: der Eiter, der die Ohren, die Nase, die Lippen wegfrisst. Und dieser Aussatz ist so ansteckend, dass sogar der Atem ansteckt. Aussätzige mussten deshalb in der Wüste leben. Sie durften nicht unter Menschen kommen. Und da kommt solch ein Aussätziger in die Volksmenge! Er hat von Jesus gehört, und ihn treibt das große Verlangen: »Ich möchte den Heiland sehen!« So kommt er. Und der Mann bekommt vielleicht Platz! Die Leute weichen nur so zurück. Und dann brüllen sie: »Geh weg, du! Hau ab!« Sie ergreifen Steine und drohen. Aber er lässt sich nicht hindern. Ich kann mir das so gut vorstellen, wie mitten durch die Menge ein Weg frei wird, frei gemacht von entsetzten Leuten. Und durch die entstandene Gasse geht er nach vorn – bis er vor Jesus steht. Nein, er steht nicht vor Jesus, er sinkt in den Staub vor Ihm und weint dem Heiland sein ganzes Elend hin. »Mein Leben ist verkorkst, verdorben! Jesus, wenn du willst, kannst du mich rein machen. Hilf mir!« Ah, wissen Sie: Das zerstörte

Menschenbild und der Heiland, der Sohn Gottes, müssen zusammenkommen! So muss es sein: Unser Elend muss vor Jesus kommen! Ach, ich wünsche Ihnen, dass Sie Ihr bisschen »Religion« über den Haufen werfen und Ihr Elend vor Jesus bringen. Und da liegt der Aussätzige vor Jesus: »So du willst, kannst du mich reinigen!« Und nun geschieht etwas, was ich unendlich schön finde. Ich könnte mir vorstellen, dass Jesus einen Schritt zurückträte vor diesem entsetzlich zerstörten Menschenbild und sagt: »Ja, gut. Steh auf! Sei gereinigt!« Aber nein, das tut er nicht. Jesus geht einen Schritt vor und legt seine Hände auf das kranke Haupt! Die Leute schreien vor Entsetzen: »Einen Aussätzigen fasst man doch nicht an!« Die Bibel berichtet: »Und Jesus rührte ihn an.« Kein Schmutz ist dem Heiland zu eklig! Kein Elend ist ihm zu groß! Er legt seine Hand darauf! Wenn ich der andere Wilhelm Busch wäre, der Zeichner, das wollte ich malen: die Jesushände auf dem zerstörten, halb verwesten Angesicht des Aussätzigen. Das ist Jesus, das Wunder der Zeiten! Und wenn jetzt ein Mensch hier ist, von dem keiner was wissen will, dann legt ihm Jesus die Hand auf und sagt: »Ich habe dich erlöst, du sollst mein sein!« Wenn jetzt einer da ist, den es quält, dass er aussätzig ist von Schmutz und Sünde, dann legt ihm Jesus die Hand auf und sagt: »Sei gereinigt!«

In Jesus kommt die ganze Liebe Gottes zu uns in unser Elend hinein, in unsere Sünde, in unseren Schmutz, in unsere Krankheit! Jesus ist das Mensch gewordene Wort Gottes! Und da sagen die Leute: »Warum schweigt Gott?« Hat Gott nicht deutlich und herrlich genug geredet? Ist das nicht gesprochen von Gott?!

Und dieser Jesus wird eines Tages auf ein Kreuz gelegt. Man schlägt ihm die Nägel durch Hände und Füße. Dann wird das Kreuz aufgerichtet. Um das Kreuz herum eine tobende Menge. Römische Kriegsknechte drängen die Menschen zurück. Kommen Sie, wir wollen uns zu dieser Menge schlagen, wir wollen auch unterm Kreuz stehen! Sehen Sie ihn an, den Mann von Golgatha! Das »Haupt voll Blut und Wunden, voll Schmerz und voller Hohn«, das »Haupt, zum Spott gebunden mit einer Dornenkron«! Sehen Sie ihn an! Fragen Sie ihn: »Warum hängst du da?« Und er antwortet Ihnen: »Weil du Schuld hast vor Gott. Entweder bezahlst du sie in der Hölle – oder ich bezahle sie hier für dich. Einer muss bezahlen! Ich will's für dich tun. Nun glaube an mich!«

Als ich das als junger Mensch begriffen habe, meine Freunde: Da ist ja das Opferlamm, das der Welt Sünde trägt – auch meine, da trägt Jesus meine Schuld weg, da versöhnt er mich mit Gott, da zahlt er das Lösegeld, um mich für Gott zu erkaufen, da habe ich mein Herz unters Kreuz hingelegt und habe gesprochen: »Wem anders sollt ich mich ergeben, / O König, der am Kreuz verblich? / Hier opfr' ich dir mein Blut und Leben, / Mein ganzes Herz ergießet sich.«

Und dann wird Jesus in ein Felsengrab gelegt. Eine Felsenplatte wird davorgewälzt. Römische Soldaten halten die Wache. Und am frühen Morgen des dritten Tages wird es hell, als sei in der Nähe eine Atombombe explodiert, so hell, dass die Kriegsknechte – und das waren Kerle, keine hysterischen Jungfern – in Ohnmacht fallen. Und das Letzte, was sie sehen, ist, wie dieser Jesus glorreich aus der Grabeshöhle herauskommt!

Ich erzähle Ihnen keine Märchen. Ich spreche zu Ihnen, weil ich weiß, dass dieser Jesus von den Toten auferstanden ist. Dieser Jesus, der für Sie gestorben ist, lebt! Es ist keiner da, für den Jesus nicht gestorben ist. Und dieser Jesus lebt. Und er ruft Sie – als Gottes letztes Wort! Und es ist die entscheidende Frage Ihres Lebens, ob Sie ihn aufnehmen!

»Warum schweigt Gott?« Gott schweigt ja gar nicht, meine Freunde. Er redet ja. Sein Wort heißt: »Jesus!« Und das heißt: Liebe, Gnade, Erbarmen!

Ich habe in meinem Leben schreckliche Stunden durchgemacht – in Nazi-Gefängnissen und im Bombenkrieg. Ich erinnere mich einer der schrecklichsten Stunden. Mir blieb der Schreckensschrei im Halse stecken, als ich – es war während des Bombenkrieges – auf einen Hof geführt wurde. Um mich her lagen etwa 80 Leichen, die man am Tage aus einem verschütteten Bunker gebuddelt hatte. Gewiss, ich hatte ähnlich schreckliche Bilder auf den Schlachtfeldern des Ersten Weltkrieges gesehen. Aber – dies war noch viel furchtbarer. Hier lagen nicht Soldaten. Hier lagen alte Männer, abgearbeitete Frauen und – Kinder; Kinderchen, deren mageren Körperchen man den langen Krieg ansah. Kinder!! Was hatten die mit diesem wahnsinnigen Krieg zu tun!? Und als ich da zwischen diesen vielen Leichen stand – allein in dem Grauen, allein in der Totenstille –, da habe ich in meinem Herzen geschrien: »O Gott, wo bist du denn? Warum schweigst du so?« Und dann stand vor meiner Seele auf einmal das Wort der Bibel: »So sehr hat Gott die Welt geliebt, dass er seinen Sohn gab.« Gott selber musste dieses Wort in meine Verzweiflung hineingerufen haben. Und auf einmal stand das Kreuz von Golgatha vor mir, an dem Gott seinen Sohn verbluten lässt – für uns!

Ich verstehe Gott nicht. Ich verstehe nicht, warum Gott so vieles zulässt. Aber es gibt ein Fanal, ein Zeichen, ein Denkmal, einen Leuchtturm seiner Liebe. Das ist das Kreuz Jesu. »Er hat seines eigenen Sohnes nicht verschont, sondern hat ihn für uns alle hingegeben. Wie sollte er uns mit ihm nicht alles schenken!« So sagt der Apostel Paulus. Und so ist es: Wenn ich unter dem Kreuz Jesu Frieden mit Gott finde, dann habe ich keine weiteren Fragen mehr.

Als meine Kinder klein waren, da haben sie nicht alles begriffen, was ich gemacht habe, aber sie haben vertraut: »Der Vater wird das schon richtig machen!« Wenn ich unter dem Kreuze Jesu Frieden mit Gott finde, ein Kind Gottes bin, dann kann ich dem himmlischen Vater auch vertrauen: Er macht alles richtig. Da habe ich gar keine Fragen mehr. Es kommt alles darauf an, dass Sie dieses letzte Wort Gottes – Jesus – annehmen und aufnehmen!

Können Sie mir noch fünf Minuten zuhören? Ich muss nun noch etwas sagen, was ganz wichtig ist:

Das Schweigen Gottes kann zum Ruf werden

Sehen Sie: Man kann stundenlang darüber diskutieren, warum Gott dies oder jenes zulässt, aber die Frage wird doch immer erst richtig aktuell und akut, wenn's einen selber trifft. Finden Sie nicht? In allen schrecklichen Dunkelheiten meines Lebens habe ich immer nur durchgefunden vom Kreuze Jesu her.

Neulich sagte mir ein junges Mädchen ganz verzweifelt: »Ich kann nicht mehr weiterleben!« Ich weiß nicht, in welcher Lage Sie sind, aber für die Dunkelheiten Ihres Lebens möchte ich Ihnen sagen: Es kommt nicht darauf an, dass wir fragen: »Warum? Warum? Warum?«, sondern wir müssen fragen: »Wozu?« Dazu möchte ich Ihnen zum Schluss noch eine Geschichte erzählen.

Als ich vor einigen Jahrzehnten Pfarrer in einem Bergarbeiter-Bezirk wurde, ging es da schrecklich zu. Eines Tages hörte ich von einem Arbeiter, der auf der Zeche unter Tage verunglückt war. Ein Stein war ihm ins Kreuz gefallen. Und nun war er querschnittsgelähmt, ohne jede Hoffnung auf Besserung. Schrecklich! Nun, ich besuchte ihn, aber dieser Besuch war fürchterlich, ja, es war der fürchterlichste Besuch, den ich je erlebt habe. Die Bude war voll mit Kumpels. Die Schnapsflaschen standen auf dem Tisch. Der Gelähmte saß in seinem Rollstuhl. Als ich reinkomme, hebt ein lautes Gebrüll an: »Du schwarze Drossel, bleib draußen! Wo war denn dein Gott, als der Stein mir ins Kreuz fiel? Warum schweigt Gott denn?« Und dann kamen die Flüche. Es war so wie die Hölle. Ich konnte kein Wort sagen und ging raus. Ich hatte ein paar Freunde unter den Bergleuten meines Bezirks, denen erzählte ich am nächsten Abend im »Männerkreis« von meinem Besuch. Und eine Woche später, als ich gerade den »Männerkreis« beginnen wollte, ging polternd die Tür auf und – der Rollstuhl mit dem querschnittsgelähmten Mann wurde hereingeschoben. Die Freunde unter den Bergleuten hatten ihn einfach abgeholt und in unseren »Männerkreis« mitgebracht. Ich weiß gar nicht, ob sie ihn viel gefragt haben, aber wahrscheinlich nicht. So saß er also vor mir. Und dann sprach ich über das Wort: »So sehr hat Gott die Welt geliebt« – nicht dass er es uns gutgehen lässt, sondern »dass er seinen Sohn gab.« Ich sprach von Jesus, dem letzten Wort Gottes, das wir hören müssen, und fuhr fort: »… auf dass alle, die an Jesus glauben, nicht verloren werden.« Und der Mann hörte zu! Zum ersten Mal hörte er so von Jesus! Auf einmal sah er Licht. Ich will's kurz machen: Ein Vierteljahr später war er ein Eigentum dieses Herrn Jesus geworden. Ich kann Ihnen gar nicht sagen, wie alles neu wurde. Seine Wohnung kam in Ordnung. Wo man früher nur Fluchen hörte, da erklangen nun Jesus-Lieder. Die alten Freunde blieben weg, dafür kamen neue. Die Schnapsflaschen verschwanden, dafür lag die Bibel auf dem Tisch. Frau und Kinder lebten auf. Kurz vor seinem Tode besuchte ich ihn noch einmal. Es ist mir unvergesslich. Er hatte so einen netten Namen: »Amsel«. Er wird's mir nicht übel nehmen, dass ich sogar seinen Namen nenne, er ist jetzt in der Ewigkeit. »Amsel«, frage ich, »wie geht's?« »Ach«, sagt er, »seitdem mein Leben Jesus gehört, seitdem ich Vergebung meiner Sünden habe, seitdem ich ein Kind Gottes bin, da ist in meinem Hause« – er überlegte einen Augenblick, dann fuhr er fort – »jeder Tag wie der Tag vor Weihnachten.« Das ist doch schön ausgedrückt von so einem Bergmann, nicht? Und dann kam das, was ich nie vergesse. Da sagte er: »Busch! Ich sterbe bald, ich spüre das.« Wir sagten »du« zueinander, weil wir so gute Freunde geworden waren. »Und dann gehe ich durch das Tor und stehe vor Gott. Es ist mir ganz klar: Mit dem Tod ist nichts aus. Und wenn ich dann in der Ewigkeit vor dem Thron Gottes stehe, dann will ich vor ihm niederfallen und will ihm danken, dass er mir – die Wirbelsäule gebrochen hat.« »Amsel«, unterbreche ich ihn erschreckt, »was erklärst du da!« Und da antwortet er: »Ich weiß, was ich sage. Sieh, wenn das nicht gekommen wäre, wenn Gott mich so gottlos hätte weiterlaufen lassen, dann wäre ich schnurstracks in die Hölle gelaufen, in die ewige Verdammnis. Da musste Gott in seiner rettenden Liebe so hart eingreifen und mir die Wirbelsäule zerbrechen, damit ich zu seinem Sohn, zu Jesus, finden konnte. Durch Jesus wurde ich ein fröhliches Kind Gottes. Und darum will ich ihm dafür danken!« Und dann kam der Satz, der sich mir unauslöschlich eingeprägt hat: »Es ist besser, gelähmt Jesus zu gehören und ein Kind Gottes zu sein, als mit zwei gesunden Beinen in die Hölle zu springen!« Das vergesse ich nie, wie der Mann das sagte: »Es ist besser, gelähmt Jesus zu gehören und ein Kind Gottes zu sein, als mit zwei gesunden Beinen in die Hölle zu springen!« Da habe ich erwidert: »Mein lieber Amsel! Siehst du: Gott hat dir schrecklich Schweres geschickt. Im Anfang hast du gehadert: ›Wo war denn Gott? Warum schweigt Gott?‹ Und jetzt hast du begriffen, wozu Gott das geschickt hat: Er hat dich zu Jesus ziehen wollen, damit Jesus dich zu ihm ziehen konnte!«

Sehen Sie: Wir sollten nicht fragen »Warum?«, sondern vielmehr »Wozu?«. Und dazu möchte Ich Ihnen sagen. Ich glaube, alles Schwere in unserem Leben ist dazu da, dass Gott uns durch Jesus zu sich selber ziehen kann! Ich singe so gern den Liedvers: »Zieh mich, o Vater, zu dem Sohne, / Damit dein Sohn mich wieder zieh zu dir; / Dein Geist in meinem Herzen wohne / Und meine Sinne und Verstand regier, / Dass ich den Frieden Gottes schmeck und fühl / Und dir darob im Herzen sing und spiel.« Ich wünschte, Sie sängen ihn betend mit!

Unser Recht auf Liebe!

Ich habe dieses Thema auch schon so formuliert: »Kann denn Liebe Sünde sein?« Es geht um die Frage des Geschlechtlichen, die uns alle stark beschäftigt. Lassen Sie mich gleich einsteigen in das Thema »Unser Recht auf Liebe!«. Ich habe Ihnen dazu Ernstes und Wichtiges zu sagen.

Die grenzenlose Not

Ein ganz merkwürdiger Tatbestand unserer Zeit ist der, dass die Menschen noch nie so einsam waren wie heute. Dabei haben wir noch nie so eng aufeinander gehockt wie heutzutage. Und doch – obwohl wir wie die Sardinen aneinander gepresst sind, sind wir noch nie so einsam gewesen wie heute.

Ein 16-jähriger Junge sagte mir mal: »Ich habe keinen Menschen!« Ich erwiderte: »Rede keinen Unsinn! Du hast doch deinen Vater!« »Ach, der Alte!«, antwortet er, »der kommt nachmittags um fünf Uhr nach Hause, schimpft ein bisschen, isst und geht wieder weg.« »Und deine Mutter?« »Ach, die hat so viel um die Ohren. Die kann sich um mich nicht kümmern!« »Und deine Arbeitskameraden?« »Das sind Kollegen, sonst nichts! – Ich habe keinen Menschen, dem ich mein Herz ausschütten könnte.« Das sagte mir ein 16-jähriger Junge! Aber diese Einsamkeit gibt's nicht nur bei Kindern. Ehefrauen leben oft todeinsam neben ihrem Mann, und umgekehrt. Der Mann hat keine Ahnung, was die Frau bewegt. Und die Frau hat keine Ahnung, was den Mann bewegt. Und das nennt sich dann Ehe! So sind wir lauter einsame Leute!

Wenn die Philosophen unserer Tage über die Einsamkeit des Menschen von heute sprechen, dann finden sie offene Ohren. Der Mensch schreit förmlich nach Erlösung aus der Einsamkeit. Und sehen Sie: Diese Sehnsucht nach Erlösung aus der Einsamkeit verbündet sich mit der stärksten Macht, die es in

unserem Leben gibt, mit dem Geschlechtstrieb. Und nun reißen die Dämme: Der 15-Jährige sucht eine Freundin, die ihn
aus der Einsamkeit erlöst. Der Ehemann, der neben seiner Frau
herlebt und völlig einsam ist, geht mit seiner Sekretärin los, dass
sie ihn vielleicht aus der Einsamkeit erlöse. Der junge Student,
einer unter 10.000 oder 20.000 Studenten an einer Universität
und im Grunde furchtbar einsam, gesellt sich zu einer Studen-
tin, die genauso einsam ist. Die Sehnsucht nach Erlösung aus
der Einsamkeit verbündet sich mit dem mächtigsten Trieb im
Leben, dem Geschlechtstrieb, und so kommt es, dass wir heute
in einer toll sexualisierten Welt leben. Und diese Tatsache, dass
der Mensch auf sexuellem Gebiet Erlösung aus der Einsamkeit
sucht, machen sich tüchtige Geschäftsleute zunutze: Filmpro-
duzenten und Romanschreiber zum Beispiel. Und nun heißt
es: Kein Film mehr ohne mindestens eine Bettszene! Kein Buch
mehr ohne mindestens einen Ehebruch!

Wenn man das Treiben nun so beobachtet – es wird geflirtet,
es wird poussiert, es wird geküsst –, dann hat man das Gefühl,
das Ganze spielt sich in dulci jubilo ab, ist helle Freude. Ein junges Mädel sagt mir: »Herr Pfarrer, wir haben da eben völlig andere Vorstellungen als unsere Großväter. Wir haben eine neue
Moral, eine neue Ethik!« Da wäre ich dann beinahe versucht,
ehrfürchtig den Hut abzunehmen, wenn ich einen aufhätte,
und zu antworten: »Allen Respekt!« Aber wenn man so lange
Großstadtpfarrer ist wie ich, dann glaubt man die großen Worte
nicht mehr. Und ich weiß aus Erfahrung, dass dieses »Kling-
Klang-Gloria« nur die Fassade ist. Hinter dieser Fassade aber
ist eine grenzenlose Not: Junge Männer und junge Mädels, die
in trüben Bindungen leben und nicht fertig werden mit sich
selbst. Ehen, die in lauter Heuchelei weitergeführt werden oder
zerbrechen. Eine grenzenlose Not! Und von dieser Not wissen
wir alle. Ich rede ja nicht von irgendwelchen Leuten, sondern
von uns.

Vor Jahren habe ich einmal in einem kleinen Städtchen im
Lipperland einen solchen Vortrag über ein ähnliches Thema
gehalten, und zwar nur für junge Leute. Als ich in den Saal

kam, dachte ich: »Das ist die Hölle!« Burschen, Mädels, Ziga-
rettenqualm! Ein paar von den Burschen zogen sogar Schnapsflaschen heraus. Einige von den Mädels saßen auf dem Schoß
der Burschen. »Da soll ich reden! Junge, Junge!«, dachte ich.
Und dann fing ich mit diesem Satz an: »Auf dem Gebiet des
Geschlechtlichen ist eine schreiende Not!« In dem Augenblick
war es, als wenn alle Jalousien hoch gingen. Ich sehe noch so
einen Burschen, wie er sein Mädchen auf einmal wegschiebt.
Das traf ihn. Plötzlich war Totenstille. Und da habe ich denken müssen: »Im ersten Augenblick sah es so aus, als sei alles
Freude und Jubel, aber es stimmte doch: Auf dem Gebiet des
Geschlechtlichen ist eine grenzenlose Not!«

Worin die Not besteht

Und sehen Sie: Die Not besteht im Grunde in einer Tatsache,
nämlich darin, dass wir nicht mehr wissen, was eigentlich gut
und was eigentlich böse ist. Wir sagen: »Wir haben heute neue
Ansichten auf diesem Gebiet!« Aber es bleibt dabei: Sünde ist
eine Wirklichkeit! Und wenn ich mich versündige, dann legt
sich eine Last aufs Gewissen. Das ist eine Realität. So entsteht
die Not, dass man nicht mehr weiß, was eigentlich gut und was
böse ist. Also, lassen Sie mich mal ganz grob fragen: Ist der vor-
eheliche Geschlechtsverkehr okay – oder ist er böse? Ist Ehebruch in schwieriger Ehe eine Notwendigkeit – oder ist er böse?
Ist die lesbische Liebe, die Mädels untereinander treiben, Sünde – oder nicht? Ist Homosexualität, dass ein Mann mit einem
andern oder mit einem Jungen oder Jungen untereinander
schmutzige Dinge treiben, böse – oder nicht? Ist Selbstbefle-
ckung, ist Ehescheidung böse – oder nicht? Was ist eigentlich
böse, und was ist gut? Hier entsteht die Not! Tausende von
Romanen tun so, als wenn dieses Gebiet jenseits von Gut und
Böse wäre, als wenn diese Frage hierbei ausgeklammert sei.
Nicht wahr: Unkameradschaftlich sein, das ist böse – aber dies
Gebiet hat mit Gut und Böse nichts zu tun. Nehmen Sie moderne Filme: Großaufnahme Kuss, Vorhang fällt und dann Schat-
ten hinter dem Vorhang. Das gehört einfach dazu, das scheint

jenseits von Gut und Böse zu sein. Ist das richtig? Was ist böse, was ist gut? Ich weiß noch, wie ich als junger Mann zum Selbstbewusstsein aufwachte, da wurde das für mich zur quälenden Frage: »Was ist erlaubt, was nicht?«

Um diese Frage recht beantworten zu können, muss man erst eine andere Frage stellen: »Wer bestimmt eigentlich, was gut und böse ist? Wer hat denn das eigentlich zu sagen?« Da stand mal so ein Pärchen vor mir: sie mit Heidelbeertusche an den Augenwimpern, er ein etwas labiler junger Mann mit zigarettengebräunten Fingerspitzen. Ich sage: »Na, was mit euch los ist, das sieht man ja noch sieben Kilometer gegen den Wind!« Da erklärt das Mädchen mir: »Da ist doch nichts dabei, Herr Pfarrer! Da ist doch nichts dabei!« Ich erwiderte: »Moment mal. Wer hat denn eigentlich zu sagen, ob was dabei ist oder nicht?« Ja, wer sagt denn eigentlich, was gut und böse ist? Die Kirche? Nein! Da würde ich mich auch nicht unterwerfen. Als junger Mann habe ich keineswegs die Herrschaft der Pfarrer über mein Leben anerkannt, jetzt bin ich selber einer. Wer hat zu sagen, was gut und böse ist? Tante Amalie? Oder mein eigenes Gewissen? »Ich folge meiner inneren Stimme!« Hm, hm! Wer hat eigentlich zu sagen, was gut und böse ist?

Sehen Sie: Jetzt sind wir an einer ganz wichtigen Stelle. Wenn es einen lebendigen Gott gibt, der Herr der Welt ist, dann hat er zu sagen, was gut und böse ist! Wenn's keinen Gott gibt, dann tun Sie, was Sie wollen! Wegen Tante Amalie anständig zu sein, das sehe ich auch nicht ein. An dieser Stelle ist jeder Mensch vor die Frage gestellt: Gibt's Gott – oder nicht? Ich kenne Menschen, die leben in jedem Schmutz, behaupten aber: »Ich glaube auch an einen Herrgott.« Dummes Zeug! Wenn es aber einen Gott gibt, dann gilt sein Wille auf dem Gebiet des Geschlechtlichen. Sie müssen sich entscheiden: Sie können Gott für Ihr Leben absetzen, aber dann sterben Sie auch drauf! Wir können nicht bis zum 45. Lebensjahr sagen: »Ich lebe ohne Gott!« – und hinterher werden wir alt und fromm. Das geht nicht! »Suchet den Herrn, solange er zu finden ist«, heißt es in der Bibel – nicht: »wenn's euch passt«. Ich sage noch einmal:

Wenn es keinen Gott gibt, dann können Sie tun, was Sie wollen. Wenn Gott aber lebt, dann hat er zu sagen, was gut und böse ist. Das leuchtet doch ein, nicht?

Und nun sage ich Ihnen: Gott lebt wirklich! Gott lebt wirklich! Und wenn Sie mich fragen, woher ich das so hundertprozentig weiß, dann antworte ich Ihnen: Weil er sich geoffenbart hat in Jesus! Ich möchte es Ihnen einhämmern: Seit Jesus gekommen ist, ist jede Gleichgültigkeit gegen Gott oder Gottesleugnung Unwissenheit oder böser Wille! Gott lebt! Und weil Gott lebt, hat er zu sagen, was gut und böse ist! Sie können ihn in Ihrem Leben absetzen; Sie können sagen: »Wir haben andere Moralgrundsätze!« – ich garantiere Ihnen, dass Sie vor Gott Rechenschaft ablegen müssen über Ihr Leben!

Es ist eine ganz große Befreiung, wenn einem aufgeht, dass Gott zu sagen hat, was gut und böse ist. Und in seinem Wort, in der Bibel, hat er uns das ganz klar und deutlich gesagt. Ein Mann fragte mich einmal ganz erstaunt: »Stehen in der Bibel denn auch solche Sachen?« Da habe ich ihm geantwortet: »Ja, die stehen auch drin! Gott gibt ganz klar Anweisungen über Gut und Böse auf dem Gebiet des Geschlechtlichen!«

Sind Sie mir gefolgt? Wir müssen also fragen: »Was sagt eigentlich Gott über dieses Gebiet?« Ich will jetzt aus der Bibel die Quintessenz ziehen.

Was sagt Gott?

Gott bejaht die Sexualität

Es gibt ein Gedicht von Tucholsky, in dem er etwa so erklärt: Von der Gürtellinie aufwärts bin ich ein Christ – und von der Gürtellinie abwärts bin ich Heide. Das ist Unsinn! Die Bibel sagt: »Gott schuf den Menschen – und schuf sie einen Mann und eine Frau.« Und Gott schuf uns auch mit unserer Sexualität! Darum spreche ich hier offen darüber. Das ist nicht ein Tabu-Gebiet. Gott hat mich als Mann geschaffen – und Sie Männer auch. Seien wir auch Männer – keine Hampelmänner! Und Gott hat Sie als Frau geschaffen. Nun seien Sie auch Frauen! Der krampfhafte Versuch der Frauen, wie Männer zu sein, oder umgekehrt, ist ja krankhaft. Sie verstehen: Seien Sie doch richtige Frauen! Seien Sie richtige Männer! »Gott schuf den Menschen – und schuf sie zu einem Mann und zu einer Frau« – und nicht noch ein drittes Geschlecht. Gott bejaht unsere Sexualität. Das darf ich wissen. Hier muss nichts verdrängt werden. Die ganze Spannung, die darin liegt, dass man Mann oder Frau ist, gehört zur Schöpfung.

Aber wir sind eine gefallene Schöpfung. Die Welt ist nicht mehr so, wie sie aus der Hand Gottes hervorging. Und darum ist gerade dieses wichtige und zarte Gebiet des Geschlechtlichen so besonders gefährdet. Deshalb hat Gott dieses Gebiet geschützt:

Gott schützt die Sexualität durch die Ehe

Er bejaht die Sexualität, und er schützt sie durch die Ehe! Die Ehe ist nicht ein gesellschaftlicher Vertrag, sondern eine Institution Gottes.

Ein amerikanischer Psychiater, der ein großes Buch über dieses Gebiet geschrieben hat und selber gar kein Christ ist, sagt: »Es ist nie ein größerer Satz über die ganze Frage geschrieben worden als der in der Bibel: ›Gott schuf den Menschen – und schuf sie einen Mann und eine Frau.‹« Und er fährt fort: »Ich bin kein Christ, aber ich sage als Psychiater, dass dies das Richtige ist: die Ehe.« Verstehen Sie recht: die Ehe der Treue – nicht die siebte, achte, neunte oder zehnte »Ehe« der Hollywood-Filmstars! Dass diese »Ehen« als Ideal hingestellt werden, ist auch solch ein Wahnsinn unserer Zeit und macht die ganze Hilflosigkeit deutlich. Gott hat die Ehe als Institution geschaffen: die Ehe der Liebe und Treue.

Und nun möchte ich eigentlich eine kleine Rede über die Ehe halten: Ihr lieben Frauen, ihr seid noch nicht genug gute Frauen, wenn ihr euren Männern gute Mahlzeiten kocht und die Knöpfe annäht, die abreißen. Ihr Männer, es reicht nicht, dass ihr euren Frauen Haushaltsgeld gebt und euch sonst nicht weiter um sie kümmert. Ehe soll nach dem Willen Gottes Erlösung aus der Einsamkeit sein! Ist das Ihre Ehe, ihr verheirateten

Leute? Vielleicht müssen Sie mal ein Gespräch führen miteinander und sagen: »Wo sind wir eigentlich hingeraten? Unsere Ehe sollte Erlösung aus der Einsamkeit sein!« »Es ist nicht gut«, sagt Gott im Anfang, »dass der Mensch allein sei; ich will ihm eine Gehilfin machen.« Verstehen Sie: Erlösung aus der Einsamkeit!

Ich erzähle an dieser Stelle gern eine Geschichte, die Bände spricht: Als ich ein ganz kleiner Junge war, durften meine Schwester und ich einmal mit zu Verwandten nach Stuttgart auf eine Hochzeit. Es war die erste Hochzeit, die ich mitmachte, und alles war so interessant. Mit Kutschen fuhr man zur Kirche, und dann gab's im Hotel ein großes Essen. Auf der Speisekarte stand am Schluss: »Eisbombe«. Und meine Schwester und ich, wir saßen unten am Tisch und hatten nur ein Verlangen, dass nämlich die Eisbombe bald kommen möge. Die kam aber endlos lange nicht, weil immer noch ein Onkel eine große Rede hielt. Diese Reden waren uns schrecklich langweilig. Und trotzdem ist eine dieser Reden mir unvergesslich geblieben. Da stand ein Onkel auf, der ein bisschen witzig sein wollte, und sagte: »Meine lieben Festgäste! Man erzählt sich, im Himmel stünden zwei Stühle, die für die Eheleute bestimmt wären, die es keine Sekunde bereuten, geheiratet zu haben.« Und dann fuhr er fort: »Aber die Stühle sind bis zum heutigen Tage leer!« In dem Moment wurde er unterbrochen. Mein Vater rief quer durch die ganze Gesellschaft meiner Mutter zu, die am anderen Ende der Festtafel saß: »Mutter, die Stühle kriegen wir!« Ich war ein kleiner Junge und habe den tiefen Sinn gar nicht ganz verstanden. Aber es ging ein Strom von Freude durch mein Herz, weil ich die ganze wundervolle Wärme eines solchen Elternhauses spüren durfte. Ist Ihre Ehe so? So hat Gott sie sich gedacht!

Als ich heiratete, hatte ich einen alten Kollegen, der eine arg nette Tischrede über das Bibelwort hielt: »Ich will ihm eine Gehilfin machen, die um ihn sei.« Er sagte: »Nicht eine Herrin, die über ihm den Pantoffel schwingt. Nicht eine Sklavin, die unter ihm zu Füßen liegt. Auch nicht neben ihm – als Nebensache.

Sondern eine Gehilfin, die um ihn ist.« Ach, ich möchte, ich könnte jetzt ein großes Loblied über die Ehe singen; ich wollte, ich hätte die Zeit dazu.

Es hat mich tief beeindruckt, wie mein Vater bei der Silbernen Hochzeit seine Frau anschaute und sagte: »Ich habe dich in den 25 Jahren jeden Tag lieber gewonnen!« Da dachte ich an all die Ehen, in denen in den 25 Jahren allmählich alles erkaltet ist. Grauenvoll! Es gibt viele Eheleute, die zum Ehepartner sagen sollten: »Du, wir müssen noch einmal von vorne anfangen!« Das kann man! Das kann man!

Und nun das Dritte: Es gibt viele junge Leute, die sagen: »Ich denke noch gar nicht ans Heiraten. Wie ist es denn mit uns? Können wir tun, was wir wollen?« Denen habe ich zu sagen:

Gott will eine reine Jugend

Ich weiß: Das klingt heute lächerlich. Aber glauben Sie, dass Gott sich nach der Mode richtet? Das ist ja nicht mein Satz. Sondern das sagt Gottes Wort.

Ich darf's vielleicht noch ein bisschen begründen. Sehen Sie, die Bibel hat einen ganz großartigen Gedanken: Sie berichtet von einem jungen Mann namens Isaak. Für den lässt sein Vater eines Tages eine Frau suchen. Da geht der Isaak aufs Feld und betet, weil er überzeugt ist, dass Gott es ist, der ihm seine Frau zuführt. Und diese Frau, die er noch gar nicht kennt, der hält er schon die Treue. Ihr jungen Männer, die ihr noch gar nicht ans Heiraten denkt, ihr dürft überzeugt sein, dass Gott euch das rechte Mädchen zur rechten Zeit gibt. Und diesem Mädchen sollt ihr jetzt schon die Treue halten! Oder umgekehrt: Ihr Mädels, haltet dem die Treue, den ihr noch gar nicht kennt! Das ist der Gedanke der Bibel. Gott will eine reine Jugend!

Mir erklärte einmal ein Arzt, ein Psychiater: »Ich bin überzeugt, dass ein Mädchen im Grunde nur einmal richtig lieben kann. Nur einmal geht ihr Herz richtig auf. Wenn so ein Mädel sieben Poussagen gehabt hat, dann ist sie« – so drückte er's wörtlich aus, er war Schwabe – »versaut für die Ehe. Sie heiratet den Siebten und meint immer den Ersten, den sie geliebt hat.«

Da erwiderte ich: »Interessant! Sie kommen von der Psychiatrie zu denselben Wahrheiten wie Gottes Wort.«

Ich muss also in aller Deutlichkeit sagen: Vorehelicher Geschlechtsverkehr, lesbische Liebe, Homosexualität, Ehebruch, Ehescheidung sind Sünde, für die Sie geradestehen müssen vor dem Angesicht des heiligen Gottes!

Eigentlich könnte ich jetzt hier aufhören. Ich weiß, wie es für mich als junger Mensch eine große Hilfe war, als ich begriff, was der Wille Gottes ist und dass er allein zu sagen hat. Aber ich wäre grausam, wenn ich jetzt abbräche und nicht noch etwas Wichtiges dazu sagte.

Wie die Not überwunden wird

Es gibt eine wundervolle, erschütternde Geschichte in der Bibel: Da ist Jesus, der Sohn des lebendigen Gottes, in einem Kreis von Menschen. Auf einmal gibt's einen Mordstumult. Man macht Platz. Ein Volkshaufe – Priester und Pöbel – schleppt eine hübsche junge Frau an. Ich sehe sie förmlich vor mir mit ihren halb zerrissenen Kleidern. Sie zerren sie vor Jesus und sagen: »Herr Jesus! Diese junge Frau haben wir ertappt mit einem fremden Mann im Ehebruch. Gottes Gebot sagt, dass der Ehebrecher des Todes schuldig ist. Du bist immer so barmherzig, Herr Jesus, aber gegen Gottes Willen wirst du wohl nichts sagen. Wir möchten von dir hören, dass die Frau jetzt gesteinigt werden muss!« Da sieht Jesus diese junge Frau an und antwortet: »Ja, Gott nimmt das sehr, sehr ernst; und sie ist nach dem Willen Gottes des Todes schuldig.« Schon geht ein Leuchten über die Gesichter. Einige ergreifen bereits Steine, denn Ehebrecher wurden mit Steinen totgeworfen. Doch Jesus fährt fort: »Einen Moment noch! Der unter euch, der ganz und gar ohne Sünde ist – in Gedanken, Worten und Werken –, der soll den ersten Stein werfen.« Und dann bückt sich Jesus nieder und schreibt etwas in den Sand. Ich würde gern wissen, was er geschrieben hat, aber es steht nicht in der Bibel. Nach langer Zeit richtet er sich auf – und da ist der Platz leer. Nur die Frau steht noch da. In der Bibel heißt es: »Sie gingen hinaus, überführt von ihrem Gewissen.«

Und nun frage ich Sie alle: Hätten Sie den ersten Stein auf die Frau werfen dürfen, weil Sie auf diesem Gebiet in Gedanken, Worten und Werken ganz rein sind? Hätten Sie den ersten Stein werfen können? Keiner, nicht? Dann aber sind wir hier eine Sünderversammlung, ja, das sind wir in der Tat.

Sehen Sie: Diese Leute haben einen großen Fehler gemacht. »Sie gingen hinaus, überführt von ihrem Gewissen.« Sie hätten's umgekehrt machen müssen. Sie hätten sagen sollen: »Herr Jesus! Wir müssen uns neben die Frau stellen. Du hast sie nicht verdammt, hilf auch uns!« Ich weiß in der sexuellen Not unserer Zeit im Grunde keinen anderen Helfer als Jesus. Und wenn ich das so sage, dann sage ich das als einer, der selber von der Hilfe Jesu gelebt hat. Wenn ich von Jesus rede, dann rede ich nicht Theorien. Er war meines Lebens Leben und ist es bis zu dieser Stunde. Ein Pfarrer ist ja auch nicht neutral, ist ja auch ein Mann. Der braucht den Heiland genauso gut wie Sie. Und ich habe erfahren, welch ein Erretter Jesus ist, und zwar nach zwei Seiten hin:

Jesus vergibt Schuld

Kein Pfarrer, kein Priester, auch die Engel nicht, können Ihnen Ihre Sünden vergeben. Der erste schmutzige Gedanke und jeder Fall sind unwiederbringlich Schuld. Und Sie gehen mit Ihrer Schuld in die Ewigkeit, ins Gericht Gottes – wenn Sie nicht vorher Jesus finden und dem Ihre Sünden bekennen und sie sich vergeben lassen. Jesus ist der Einzige, der unsere Schuld vergeben kann.

Stellen Sie sich im Geist vor Jesu Kreuz und sagen Sie: »Jetzt lege ich mal alle meine Jugendsünden vor dich hin. Alle meine trüben Bindungen bekenne ich dir, ich will nichts verschweigen.« Und dann schauen Sie auf zu seinem Kreuz und sprechen Sie: »Es quillt für mich dies teure Blut, / Das glaub und fasse ich! / Es macht auch meinen Schaden gut, / Denn Christus starb für mich.« Hören Sie: »Das Blut Jesu Christi, des Sohnes Gottes, macht uns rein von aller Sünde.« Ein befreiendes Wort!

Ich wurde mit 17 Jahren Soldat und beim Militär durch eine Mühle von Schmutz gedreht. Plötzlich wachte ich auf und fragte im Blick auf den Weg voll Schmutz: »Wer nimmt mir mein versiebtes Jugendleben weg?« Und dann begriff ich: »Jesus liquidiert meine Vergangenheit. Jesus vergibt meine Schuld!« Da habe ich mich zu ihm bekehrt. Und jetzt möchte ich nicht mehr leben ohne ihn.

Ich habe in Düsseldorf mal in einer großen Versammlung davon gesprochen, dass Jesus durch Vergebung der Schuld Vergangenheit liquidiert. Als die Versammlung zu Ende war und alles hinausströmt, sehe ich, wie sich ein hoch gewachsener vornehmer Herr durch die hinausströmende Menge nach vorne zu mir durchdrängt. Schließlich steht er ganz aufgeregt vor mir und fragt: »Ist es wahr, was Sie gesagt haben, dass es Vergebung der Schuld gibt?« »Ja«, antworte ich, »Gott sei Dank! Davon lebe ich!« Da sagt er: »Ich bin Psychiater. Sehen Sie, zu mir kommen viele Menschen mit seelischen Krankheiten. Sie haben Komplexe. Aber sie wissen nicht, woran sie leiden. Meist sind es alte Schuldgeschichten, an die sie sich nicht mehr deutlich erinnern können oder wollen. Ich muss lange an ihnen arbeiten, dass ich die alten Geschichten aus dem Unterbewusstsein in das Bewusstsein hebe. Doch dann hört meine Macht auf. Ich kann die alte Schuld wohl ans Tageslicht bringen: die Lüge, den Streit, die Unkeuschheit. Aber ich habe oft verzweifelt gedacht: ›Wenn ich doch die Schuld auch wegschaffen könnte!‹ Und deshalb frage ich Sie, Herr Pfarrer Busch, gibt's wirklich einen, der Schuld wegschaffen kann? Ist das wahr oder nicht?« Darauf habe ich noch einmal fröhlich bestätigt: »Gott sei Dank! Ja!« Und es ging mir auf, was für eine unerhörte und großartige Botschaft wir im Neuen Testament haben: Jesus vergibt Schuld!

Und das andere:

Jesus löst Bindungen

Als ich einer sehr hübschen jungen Sekretärin einmal sagte: »Fräulein, Sie gehen in die Hölle! Ihr Verhältnis zu Ihrem Chef ist grauenvoll! Machen Sie den Mann und seine Familie doch nicht unglücklich!«, da antwortete sie – ein Schmerz ging über ihr Gesicht –: »Ich kann doch da nicht raus! Ich liebe ihn doch!«

»Ja«, erwiderte ich, »aber der Mann hat doch Frau und Kinder! Sie sind grausam!« Und wieder sagte sie: »Ich kann doch nicht heraus!« Dabei spürte ich, wie sie selber die Qual dieser Bindung empfand, sie aber nicht zu zerreißen vermochte. Da war ich glücklich, dass ich ihr sagen konnte: »Sehen Sie, Fesseln der Sünde können wir tatsächlich nicht zerreißen, aber in der Bibel steht: ›Wen der Sohn Gottes frei macht, der ist recht frei.‹ Rufen Sie Jesus an! Er vermag auch solche trüben Bindungen zu zerreißen!«

Es gibt einen Liedvers, den ich so gern singe: »Jesus ist kommen, nun springen die Bande, / Stricke des Todes, die reißen entzwei« – das habe ich als Großstadtpfarrer erlebt, wie Todesstricke entzweirissen! – »Unser Durchbrecher ist nunmehr vorhanden, / Er, der Sohn Gottes, der machet recht frei, / Bringet zu Ehren aus Sünde und Schande: / Jesus ist kommen, nun springen die Bande!«

An dieser Stelle unserer sexuellen Nöte und Bindungen wird deutlich, dass junge und alte Menschen den Heiland, den Erlöser brauchen. Dass Jesus eine herrliche und ganz reale Erlösung schenkt, das kann man ausprobieren! Sie brauchen einen Heiland, sonst haben Sie ein ganz jämmerliches Dasein!

Die Welt hungert nach »agape«

Ich muss noch etwas einfügen. Es gibt viele Mädchen, die sagen: »Ja, wir sind schon vierzig, und es hat uns keiner geheiratet. Wie ist das denn mit uns?«

Sehen Sie: Ich bin hundertprozentiger Pazifist – ich will es ruhig gestehen – und bin es eigentlich geworden an der Not solcher Mädchen. Im Zweiten Weltkrieg sind fünf Millionen junge Männer gefallen. Das bedeutet, dass fünf Millionen Mädchen der höchste Wunsch ihres Lebens versagt blieb, einen Mann glücklich zu machen, dass fünf Millionen Mädchen in unserem Volk ihren Weg einsam gehen müssen. Brauche ich noch mehr Gründe gegen den Krieg? Wollen Sie sich mal klar machen, was diese schweigende Not von fünf Millionen Mädchen bedeutet in unserem Volk! Die Männer, die sie glücklich machen wollten, liegen auf den Schlachtfeldern. Solchen Mädels möchte ich sagen: »Um Gottes willen, raubt euch jetzt nicht durch die Sünde, was euch entgangen ist! Brecht nicht in fremde Ehen ein! Es ist ein Strom von Gefahr und Versuchung eingebrochen in unser Volk.« »Ja, was ist denn mit uns?«, fragen sie. Da antworte ich: »Wenn ihr schon so geführt worden seid, dann sagt ›Ja‹ dazu. Man muss nicht unter allen Umständen arm sein, wenn man nicht heiratet!«

Die Bibel erzählt von einer unverheirateten Frau namens Tabea. Sie lebte in der Stadt Joppe, dem heutigen Jaffa. Bei ihrem Tode war gerade der Apostel Petrus in der Nähe. Der wird gerufen. Als Petrus in das Sterbezimmer kommt, verschlägt's ihm den Atem. Er hatte gedacht: »Gewiss liegt das alte Jüngferchen allein auf seinem Sterbelager!« Doch da ist die Stube voll! Da ist eine Witwe, die sagt: »Diesen Rock hat Tabea mir genäht!« Da ist ein blinder Mann, der bezeugt: »Ich war so allein. Und jeden Sonntagnachmittag von drei bis vier Uhr kam Tabea und las mir eine Stunde vor. Es war die helle Stunde meines Lebens!« Da sitzen kleine Kinder – wissen Sie: solche, denen die Nase läuft – und berichten: »Wir sind Schlüsselkinder. Keiner kümmerte sich um uns. Und dann kam Tabea und nahm sich unser an!« Auf einmal geht dem Petrus auf: »Die Tabea hat ein viel reicheres Leben gehabt als manche Ehefrau, die neben einem langweiligen Ehegatten mit der Zeit säuerlich geworden ist!«

Wir haben im Deutschen nur ein Wort für Liebe. Im Griechischen gibt es zwei Wörter für Liebe. Und das Neue Testament ist in Griechisch geschrieben. Die Liebe, von der wir zuerst sprachen, die heißt im Griechischen »eros«. Daher auch das Wort »Erotik«. Und dann gibt's ein zweites Wort für Liebe, das heißt »agape«. Das ist die Liebe Gottes, die ich weitergeben darf.

Ihr jungen Mädchen, die ihr nicht heiratet, sagt »Ja« zu eurem Weg – und füllt euer Leben aus mit »agape«! Die Welt hungert nach solcher Liebe.

Darf ich noch einmal wiederholen? Gott bestimmt, was gut und böse ist! Gott sagt: eine reine Jugend, eine Ehe der Treue.

Und wenn's nicht in die Ehe führt, dann geht es um die Bejahung dieses Weges.

Liebe, auf die wir kein Recht haben

Zum Schluss möchte ich noch einmal auf Jesus zu sprechen kommen. Mein Thema hieß: »Unser Recht auf Liebe!« Es gibt eine Liebe, auf die wir kein Recht haben, die uns frei geschenkt wird. Und das ist die Liebe Jesu Christi. Wir sind Sünder. Wir brauchen einen Heiland. Lassen Sie es mich als persönliches Zeugnis sagen:

Ich saß im Dritten Reich mal wieder im Gefängnis – um meines Glaubens willen. Der Anstaltspfarrer hatte mich besucht und gesagt: »Ihre Aussichten sind schrecklich dunkel.« Dann war er gegangen. Und ich blieb allein zurück in dieser Zelle. Sie war sehr eng. Ganz oben war ein kleiner Lichtspalt. Es war kalt, und ich fror. Ach, die ganze Atmosphäre, in die ich geraten war, war so grauenvoll kalt. Ich hatte Heimweh nach meiner Frau, nach meinen Kindern, nach meinem Amt, nach meinen Jungen, ich war ja Jugendpfarrer. Und da saß ich – ohne Hoffnung, je von diesem Weg runterzukommen. Als der Abend hereinbrach, überfiel mich eine grenzenlose Verzweiflung. Ich weiß nicht, ob Sie in Ihrem Leben mal an irgendeiner Stelle in wirkliche Verzweiflung geführt worden sind. Das aber war der Augenblick – ich kann es Ihnen nur so bezeugen –, wo der Herr Jesus in meine Zelle trat! Er lebt! Er kann durch verschlossene Türen gehen. Und er tat es und stellte mir sein Sterben am Kreuz vor die Augen, wo er für mich als Sünder gestorben ist. Und ich hörte sein Wort im Ohr: »Ich bin der gute Hirte. Der gute Hirte lässt sein Leben für die Schafe.« In dieser Stunde ging ein solcher Strom göttlicher Liebe aus den Händen Jesu über mich hin, dass ich's fast nicht mehr ertrug, dass es fast zu viel war für mein Herz. Und ich begriff: Da ist eine Liebe, die wir nicht verdient haben, auf die wir kein Recht haben, die uns geschenkt wird.

Und diese Liebe ist auch Ihnen offen! Warum lassen Sie diesen Strom an sich vorbeirauschen? Er will mitten in Ihr Herz hineinströmen!

Wie werden wir mit dem Leben fertig, wenn Schuld und Versäumnis uns ständig begleiten?

In Württemberg hört man manchmal ein Sätzchen, das heißt so: »Jetzt wird's ernscht!« Und bei unserem Thema möchte ich auch sagen: Jetzt wird's ernscht! Jetzt wird's ernst!

»Wie werden wir mit dem Leben fertig, wenn Schuld und Versäumnis uns ständig begleiten?« Da muss ich Ihnen zunächst sagen: »... wenn Schuld und Versäumnis uns ständig begleiten« stimmt nicht, das tun sie nämlich. Schuld und Versäumnis begleiten uns ja ständig. Und darum bin ich so glücklich, dass ich von einer ganz großen und herrlichen Sache sprechen darf, von einem Geschenk, das Menschen überglücklich und überreich macht. Das ist eine Sache, die können Sie nirgendwo kaufen, in keinem Land der Erde. Und wenn Sie Milliardär wären und alle Ihre Geldscheine dafür auf den Tisch zu blättern bereit wären – Sie könnten sie nicht kaufen. Sie können sie auch nicht durch Beziehungen kriegen. Was man nicht kaufen kann, bekommt man ja heutzutage meistens durch Beziehungen. Diese herrliche Sache, von der ich zu reden habe, können Sie auch durch keinerlei Beziehungen bekommen. Es gibt keine Möglichkeit, sich diese herrliche Sache selbst zu beschaffen. Man kann sie nur geschenkt kriegen. Und diese wundervolle, große und herrliche Sache, von der ich sprechen will, die man weder kaufen noch durch Beziehungen kriegen kann, heißt: Vergebung der Sünden.

Ich weiß, dass viele jetzt enttäuscht sind und denken: »Vergebung der Sünden?« Und dann entsteht gleich die Frage:

Brauche ich das denn?

Ich bin überzeugt, dass die Hälfte von Ihnen sagt: »Vergebung der Sünden? Kein Bedarf!« Ein junger Mann hat mir das neulich mal so erklärt: »Wir leben ja in einer Zeit, in der durch Reklame Bedarf geweckt wird. Unsere Urgroßväter haben von Kaugummi oder Zigaretten noch nichts gewusst. Durch unendliche Reklame im Fernsehen, im Rundfunk und an den Plakatsäulen sind wir allmählich dahin gebracht worden, dass wir zum Beispiel ohne Zigaretten gar nicht mehr leben zu können glauben. Es wird ein Bedarf geweckt – und dann kann man verkaufen.« Und dann fuhr der junge Mann fort: »Und so macht's die Kirche auch. Die Kirche macht den Leuten klar: ›Ihr braucht Vergebung der Sünden!‹ – und dann verkauft sie das. Verstehen Sie: Wir haben gar keinen Bedarf – aber Sie wecken den Bedarf erst einmal dafür, um dann Ihre Ware loszuwerden!« Ist das so? Wenn Sie jetzt auf der Straße jemand anhalten: »Guten Tag! Wie heißen Sie?« »Meier!« »Herr Meier, brauchen Sie Vergebung der Sünden?«, dann antwortet Herr Meier: »Quatsch! 2000 Mark brauche ich, aber nicht Vergebung der Sünden!« Stimmt das? Wird ein Bedarf geweckt, der zunächst gar nicht da ist, um dann mit der Bibel zu antworten?

Ich sage Ihnen: Das ist ein grauenvoller Irrtum, ein ganz furchtbarer Irrtum. Wir brauchen nichts nötiger als Vergebung der Sünden! Wer meint, er brauche keine Vergebung der Sünden, der kennt den heiligen, schrecklichen Gott nicht. Es ist so viel von der Liebe Gottes geredet worden, dass wir gar nicht mehr wissen, dass Gott – so steht es in der Bibel – ein schrecklicher Gott ist! So bin ich aus einem Leben der Sünde erwacht, dass ich auf einmal begriff: Vor Gott muss man Angst haben! Und wer sagt: »Ich brauche keine Vergebung der Sünden!«, der hat keine Ahnung vom lebendigen Gott, der Leib und Seele verderben kann in die Hölle. Jawohl: Man kann ewig verloren gehen! Das sagt Jesus, der es wissen muss. Und wenn die ganze Welt sagt: »Das glauben wir nicht!«, dann wird eben die ganze Welt verloren gehen! Jesus weiß, was hinter den Vorhängen ist. Und der warnt uns eindringlich vor dem Verlorengehen! Und da stehen wir nun mit unseren Sünden und wagen es zu sagen: »Wir brauchen keine Vergebung der Sünden! Die Kirche weckt nur einen Bedarf, der gar nicht vorhanden ist!« Dummes Zeug! Nichts brauchen wir nötiger als Vergebung der Sünden!

Ich muss Ihnen an dieser Stelle ein Erlebnis erzählen. Ich hatte mal eine Versammlung in der schönen Stadt Zürich, im Kongresshaus, eine Riesenversammlung. Viele mussten noch an der Wand stehen. Darunter fielen mir zwei Herren besonders auf, weil sie sich so lustig unterhielten. Man sah ihnen an, dass sie aus Neugierde hereingekommen waren. Einer von ihnen hatte so ein schönes Menjou-Bärtchen. Das fiel mir auf, weil ich dachte: »Schade, dass ich so eins nicht tragen kann!« Als ich mit meinem Vortrag begann, nahm ich mir vor, so zu sprechen, dass auch diese beiden Herren zuhörten. Und sie hörten auch sehr interessiert zu. Aber dann sagte ich zum ersten Mal »Vergebung der Sünden«. Und in dem Moment, als ich von »Vergebung der Sünden« sprach, sah ich, wie der Herr mit dem Menjou-Bärtchen spöttisch lächelte und seinem Nebenmann etwas ins Ohr flüsterte. Nun war das – wie gesagt – ein Riesensaal. Die beiden waren weit weg. Ich konnte nicht hören, was er sagte, aber ich erkannte es an seiner Miene. Er spöttelte etwa so: »›Vergebung der Sünden‹! Das typische Pastorengeschwätz! Du lieber Himmel!« Und er mag dabei gedacht haben: »Ich bin doch kein Verbrecher! Ich brauche doch keine Vergebung der Sünden!« – So sagen Sie doch auch, nicht wahr? »Ich bin doch kein Verbrecher! Ich brauche doch keine Vergebung der Sünden!« – So ähnlich wird er also gesagt haben. Und da packte mich die Wut. Ich weiß, dass eine Wut vor Gott nicht recht ist. Aber ich kriegte trotzdem eine. »Moment mal!«, sagte ich. »Ich mache jetzt eine halbe Minute Pause, in der sich bitte jeder die Frage mit ›ja‹ oder ›nein‹ beantworten soll, die ich jetzt stelle: Wollen Sie in alle Ewigkeit auf Vergebung der Sünden verzichten, weil Sie Vergebung der Sünden nicht brauchen? Ja oder nein?« Und dann war ich mit den Tausenden von Menschen eine halbe Minute ganz still. Auf einmal sehe ich, wie der Mann mit dem Menjou-Bärtchen ganz bleich wird und sich sogar an der Wand festhält. So erschrak der Kerl! Ihm ging sicher auf: »Jetzt sage ich: ›Ich bin kein Verbrecher!‹ Aber wenn es ans Sterben geht, wenn es ganz ernst wird, dann möchte ich doch wohl Vergebung der Sünden haben. Ich möchte nicht für alle Zeit darauf verzichten.« – Sie auch nicht! Oder doch?

Es gibt ein Sätzchen, das habe ich in meinem Leben unheimlich oft gehört: »Ich tue recht und scheue niemand!« Aber denken Sie: Ich habe es nie von Leuten unter 40 Jahren gehört. Ein junger Mensch weiß ganz genau, dass sein Leben viel Schuld hat. Erst wenn wir unser Gewissen rücksichtslos totgeschlagen haben, dann kriegen wir es hin, so einen Schwindel zu sagen. Und wenn einer also erklärt: »Ich tue recht und scheue niemand!«, dann kann ich ihm quittieren: »Du bist über 40 Jahre alt. Das ist Arterienverkalkung, dass du so sprichst. Das ist ein rücksichtslos totgeschlagenes Gewissen!« Solange unser Gewissen nämlich nicht totgeschlagen ist, wissen wir ganz genau, dass wir nichts so nötig brauchen wie Vergebung der Sünden!

Vor einigen Jahren trat in Essen einmal Bill Haley auf, solch ein »moderner« Musiker, oder besser gesagt: solch ein »Hüftenwackler«. Tausende von Jugendlichen waren in der Grugahalle versammelt, um ihn und seine »Band« zu hören. Beim ersten Musikstück aber fingen sie an, langsam, aber sicher die ganze Halle zu demolieren. Der Schaden betrug etwa 60.000 Mark. Mir sagte ein junger Polizist anschließend: »Ich saß vorne und musste mich am Stuhl festhalten, sonst hätte ich mitgemacht.« Am nächsten Tag gehe ich durch die Innenstadt. Da sehe ich drei Typen beieinander stehen, die genauso aussehen, als wären sie dabei gewesen. Ich gehe auf sie zu und sage: »Guten Tag! Ich mache jede Wette, dass ihr gestern Abend auch bei Bill Haley gewesen seid!« »Klar, Herr Pastor!« »O«, erwidere ich, »kennen wir uns? Wie schön! Sagt mal, ich verstehe das nicht: Warum habt ihr eigentlich die Halle so demoliert?« Und da kriege ich zur Antwort: »Ach, Pastor Busch, das ist doch alles bloß Verzweiflung!« »Was?«, frage ich, »Verzweiflung – worüber?« Da antwortet einer: »Ja, das wissen wir auch nicht!«

Es gab einen großen dänischen Theologen und Philosophen, Sören Kierkegaard. Der erzählt aus seinem eigenen Leben, dass er als Kind oft mit seinem Vater Spaziergänge machte. Manchmal blieb der Vater stehen und sah nachdenklich seinen Sohn an. Dann sagte er: »Liebes Kind, du gehst in einer stillen Verzweiflung.« Als ich das las, habe ich gedacht: Wenn man mal

40 Jahre Großstadtpfarrer ist, weiß man, wie das eigentlich auf einen jeden zutrifft.

Und nun frage ich Sie: Kennen Sie auch diese innere Verzweiflung des Lebens? Ich will Ihnen sagen, woher sie kommt.

Machen wir dazu eine Entdeckungsfahrt in unser eigenes Herz. Ich will ein Bild gebrauchen. Als Pfarrer im Ruhrgebiet habe ich oft Grubenfahrten gemacht. Das ist eine schöne Sache. Man bekommt einen Arbeitsanzug, setzt sich einen Schutzhelm auf, und dann saust man mit dem Förderkorb in die Tiefe – zum Beispiel bis zur 8. Sohle. Geht's noch weiter? Ja, aber weiter fährt man nicht, denn ganz unten ist der »Sumpf«. Da sammelt sich das Grubenwasser im Schacht, und das nennen die Bergleute »Sumpf«. Solange ich in Essen bin, habe ich es einmal erlebt, dass ein Förderseil gerissen ist. Da sauste der Korb weiter in die Tiefe – bis in den Sumpf. Fürchterlich!

Dieser Sumpf im Bergwerk ist mir zu einem Bild geworden für die Menschen. Sie wissen alle, dass es mehrere »Sohlen« in unserem Leben gibt. Wir können zum Beispiel äußerlich einen ganz fröhlichen Eindruck machen – aber innerlich sieht es ganz anders aus. So kann man lächeln – und doch todtraurig sein. So kann man tun, als meistere man spielend das Leben – aber ganz unten in unserem Seelenleben, auf dem Grunde unseres Herzens sitzt die tiefe Verzweiflung. So sagen die Ärzte, so sagen die Philosophen, so sagen die Psychologen, so sagen die Psychiater. Davon reden die Filme, davon reden die Romane. Es ist unheimlich, wie Verzweiflung und Angst ab und zu hochsteigen. Mir sagte ein Psychiater: »Sie ahnen nicht, wie mein Sprechzimmer voll ist mit jungen Menschen!« Doch die meisten Menschen fragen erst gar nicht, woher Verzweiflung und Angst kommen, sondern sie versuchen, sie loszuwerden – durch Rausch. Aber es ist gescheiter, wenn man den Tatsachen ins Auge sieht.

Dass Verzweiflung ganz unten im Herzen des Menschen sitzt, ist anscheinend eine Entdeckung unserer Zeit. Das Erstaunliche aber ist, dass die Bibel das schon vor 3000 Jahren festgestellt hat. Sie sagt: »Es ist das Herz ein trotziges und verzagtes

Ding.« Und sehen Sie: Die Bibel sagt uns auch, warum das so ist. Sie nennt mancherlei Gründe: dass wir seit dem Sündenfall fern von Gott sind, dass wir seitdem außerhalb unseres eigentlichen Elements leben – wissen Sie: Gott ist unser Element! –, dass wir uns im Grunde fürchten vor dem Gericht des lebendigen Gottes über unser Leben. Aber der wichtigste Grund für die tiefe Verzweiflung unseres Herzens ist unsere Schuld, unsere Schuld vor Gott! Diese ist das große Problem unseres Lebens, mit dem wir selbst nicht fertig werden können! Das merken wir. Und darum gibt es die tiefe Verzweiflung in unserem Herzen.

Brauchen wir Vergebung der Sünden? Natürlich brauchen wir Vergebung der Sünden! Ja, wir brauchen nichts nötiger als Vergebung unserer Sünden!

Was ist denn Sünde? Sünde ist jede Trennung von Gott. Wir sind schon als Sünder geboren. Lassen Sie mich ein Beispiel brauchen:

Ein während des Krieges in England geborenes Kind hatte sicher nichts gegen uns Deutsche, aber es gehörte zum feindlichen Lager. Und so werden wir von Natur geboren in dem Lager, das Gott feindlich ist: in dieser Welt. So sind wir von Natur schon getrennt von Gott. Und nun sondern wir uns immer noch mehr ab von Gott, indem wir eine Mauer von Schuld aufrichten. Jede Übertretung von Gottes Gebot ist wie ein Stein, den wir aufmauern. So ist Sünde eine unheimliche Wirklichkeit.

Ich muss Ihnen an dieser Stelle eben erzählen, wie mir das zum ersten Mal aufgegangen ist, dass Sünde eine unheimliche Wirklichkeit ist und dass man auch keine Sünde wieder gutmachen kann. Ich hatte einen wundervollen Vater, mit dem mich ein herrliches Verhältnis verband. Eines Tages war ich gerade in dem Dachkämmerchen unseres Hauses mit einer Examensarbeit beschäftigt, als es von unten ruft: »Wilhelm!« So heiße ich nämlich. Darauf strecke ich den Kopf heraus und frage meinen Vater, der mich ruft: »Was ist los? Wo brennt's?« Da sagt er: »Ich muss in die Stadt gehen. Willst du mich nicht begleiten? Zu zweien ist es doch netter!« »Ach, Papa«, rufe ich hinunter, »ich habe gerade so eine wichtige Sache in meiner Examensarbeit.

Es passt mir jetzt schlecht.« »Dann gehe ich allein«, sagt er. 14 Tage später war er tot. Und nun war es bei uns Sitte, dass die Leiche im Hause aufgebahrt wurde und wir Söhne umschichtig Wache hielten an dem offenen Sarg. Es ist stille Nacht. Alles schläft. Ich sitze allein neben dem offenen Sarg. Auf einmal fällt mir ein, wie mein Vater mich vor 14 Tagen gebeten hatte, ihn mal eben in die Stadt zu begleiten. Ich aber hatte »nein« gesagt! Ich schaue ihn an und sage: »Ach, Vater, bitte mich doch noch mal! Und wenn du willst, dass ich hundert Kilometer mit dir gehe, ich gehe mit dir!« Doch der Mund blieb stumm. Und da ging mir auf: Diese kleine Lieblosigkeit ist eine unheimliche Wirklichkeit, die ich auch in alle Ewigkeit nicht rückgängig machen kann.

Was meinen Sie, wie viel Schuld in unserem Leben ist, wie viel Versäumnisse es da gibt?! Wie werden wir mit dem Leben fertig, wenn Schuld und Versäumnis uns ständig begleiten? Ohne Vergebung der Sünden können wir im Grunde nicht fertig werden mit unserem Leben!

Und im Sterben? Wie ist das? Wollen Sie alle Ihre Schuld mitnehmen in die Ewigkeit? Ich habe mir oft vorgestellt, wie das ist. Ich bin ja allmählich nah dran. Da hält man vielleicht eine liebe Hand noch fest. Und dann kommt der Augenblick, wo ich auch sie loslassen muss. Und dann fährt mein Lebensschiff in das große Schweigen vor Gott, vor sein Angesicht! Glauben Sie mir: Sie stehen einmal vor ihm! Mit all Ihrer Schuld, mit all Ihren Versäumnissen stehen Sie dann vor dem lebendigen und heiligen Gott! Das wird ein Entsetzen sein, wenn Sie entdecken: »Meine ganze Schuld und alle meine Versäumnisse habe ich mitgenommen!«

Brauchen wir Vergebung der Sünden? Nichts brauchen wir nötiger als Vergebung der Sünden, nötiger als das tägliche Brot!

Wo gibt's denn so was?

Gibt's denn so was, dass Vergangenheit ausgelöscht wird? Und wenn ja: Wo gibt's denn so was?

Ich habe eben die Geschichte von meinem Vater erzählt. Ich konnte meine Schuld nie mehr gutmachen. Verstehen Sie? Wir können im Grunde nichts gutmachen von unserer Schuld! Die Wirkungen vor Gott bleiben! Der Wechsel wird präsentiert! Es war ein Mann namens Judas, der hatte seinen Heiland für 30 Silberlinge verraten. Und dann wird ihm plötzlich klar: »Es war falsch!« Er geht zu den Leuten, denen er ihn verraten hat, bringt das Geld zurück und sagt: »Ich habe Unrecht getan. Nehmt das Geld zurück! Ich will's wieder gutmachen!« Da zucken sie die Achseln und erklären: »Was geht uns das an? Da siehe du zu!« Sie können sich wenden, an wen Sie wollen, jeder wird antworten: »Da siehe du zu!«

Ist es denn trotzdem möglich, dass Schuld und Versäumnis ausradiert und liquidiert werden? Wo gibt's denn so was? Wo gibt es Vergebung der Sünden?

Meine Freunde, hier antworten nun die Männer der Bibel in einem vollen Chor, in einem jauchzenden Chor. Von Anfang bis Ende, vom Alten bis zum Neuen Testament ist das die Melodie der Bibel: Es gibt Vergebung der Sünden!

Wo? Gehen Sie mit mir hinaus vor die Tore Jerusalems nach dem Hügel Golgatha. Wir achten nicht auf die Volksmenge, nicht auf die beiden Verbrecher rechts und links, nicht auf die römischen Soldaten, sondern auf den Mann in der Mitte, der da am Kreuz hängt. Wer ist der Mann in der Mitte? Das ist nicht einer von uns. Er hat sich mal einer Volksmenge gestellt und gesagt: »Wer kann mir eine Sünde nachsagen?« Und da hat keiner auch nur eine gewusst. Das würde niemand von uns riskieren, so zu fragen. Dann ist er in einen Prozess verwickelt worden, wo römische Richter und der jüdische Hohe Rat ihn vernommen haben. Und sie fanden nichts wider ihn. Er ist keiner von uns. Er braucht keine Vergebung der Sünden. Und der hängt da oben am Kreuz?! Wer ist der Mann? Er ist nicht aus der Menschenwelt aufgestiegen, sondern er ist aus der anderen Dimension, aus der Welt Gottes, zu uns gekommen. Ich rede von Jesus, dem Sohne Gottes. Und der hängt am Kreuz? Warum? Wieso? Meine Freunde, Gott ist gerecht: Er muss die Sünde strafen. Und da hat er unsere Sünde auf den Sohn geworfen, auf seinen Sohn, und sie an Jesus gerichtet! »Die Strafe liegt auf ihm, auf dass wir Frieden hätten!« Das ist die große Botschaft der Bibel: Das Gericht Gottes liegt auf diesem Jesus, auf dass wir Frieden hätten! Hier gibt's Vergebung der Sünden!

Wo kann ich meine Schuld loswerden? Wo kriege ich Frieden mit Gott? Unter Jesu Kreuz! »Das Blut Jesu Christi, des Sohnes Gottes, macht uns rein von aller Sünde.« Dass wir das fassen!

Es ist ein interessantes Buch erschienen von dem Amerikaner William L. Hull. Das war der Pfarrer, der den millionenfachen Mörder Adolf Eichmann während seiner Haft dreizehnmal besucht hat und lange Gespräche mit ihm führte, der seine letzten Worte hörte, der ihn bis zum Galgen begleitet hat und der dabei war, als seine Asche ins Mittelmeer gestreut wurde. Den Inhalt seiner Gespräche mit Eichmann hat er veröffentlicht unter dem Titel »Kampf um eine Seele«. Am Anfang berichtet er: »Es ging mir darum, diesen schrecklichen Sünder zu retten, dass er nicht in die Hölle kommt. Und es ist erschütternd, wie dieser Mann, der vom Schreibtisch aus Millionen von Menschen ermordet und grauenvolles Leid über die Welt gebracht hat, bis zum letzten Moment sagt: ›Ich brauche keinen, der für mich stirbt. Ich brauche keine Vergebung der Sünden. Ich will sie auch nicht.‹«

Wollen Sie in den Spuren Eichmanns gehen und so sterben? Nein? Wenn Sie das nicht wollen, dann bekehren Sie sich von ganzem Herzen zu Jesus, dem Sohne Gottes, der als Einziger in der Welt unsere Sünden vergeben kann, weil er dafür gestorben ist und dafür bezahlt hat!

Als Pfarrer Hull mit Eichmann sprach, da hat es ihn fast gegraust, diesem Menschen die Vergebung der Sünden durch Jesu Blut anzubieten. Konnte sogar solch einer Vergebung der Sünden bekommen? Ja! Ja! »Das Blut Jesu Christi, des Sohnes Gottes, macht uns rein von aller Sünde.« Aber ich muss sie bekennen, ihm sagen und dann aufschauen zum Kreuz und es fassen: »Es quillt für mich dies teure Blut, / Das glaub und fasse ich. / Es macht auch meinen Schaden gut, / Denn Christus starb für mich.«

Die Bibel braucht immer neue Bilder, um deutlich zu machen, wieso der gekreuzigte und auferstandene Herr Jesus – Jesus ist ja nicht im Tode geblieben, sondern am dritten Tage auferstanden, das wissen Sie hoffentlich, er lebt – Sünden vergibt.

Sie braucht zum Beispiel das Bild vom Bürgen. Ein Bürge verpflichtet sich, für mich einzutreten, wenn ich nicht bezahlen kann. Einer muss bezahlen! Das gilt immer im Leben: Einer muss bezahlen! Und durch jede Sünde in unserem Leben entsteht eine Verpflichtung vor Gott. Die Bibel sagt: »Der Tod ist der Sünde Sold.« Gott fordert als Bezahlung für unsere Sünde unseren Tod. Und nun kommt Jesus und geht für unsere Sünde in den Tod, damit wir das Leben haben. Er wird unser Bürge vor Gott. Und nun gilt: Entweder bezahlen Sie für Ihre Sünde in der Hölle – oder Sie kommen zu Jesus und sagen: »Herr Jesus, ich will es fassen, dass du für mich bezahlt hast!« Ernst Gottlieb Woltersdorf bekennt in einem Lied: »Ich weiß sonst nichts zu sagen, / Als dass ein Bürge kam, / Der meine Schuld getragen, / Die Rechnung auf sich nahm / Und sie so völlig hingezählt, / Dass von der ganzen Menge / Auch nicht ein Stäublein fehlt.«

Oder die Bibel braucht das Bild vom Loskauf. Da ist ein Mensch in die Gewalt der Sklavenhändler geraten. Er kann sich nicht selber loskaufen. Und da kommt ein freundlicher Herr über den Sklavenmarkt und sieht den Sklaven. Das Herz entbrennt ihm, und er fragt: »Was kostet der? Ich kaufe ihn frei!« Von welchem Moment an ist der Sklave frei? Von dem Moment an, wo der letzte Pfennig bezahlt ist. Der Herr Jesus hat für Sie auf Golgatha den letzten Pfennig bezahlt! Und nun dürfen Sie's fassen und sagen: »Herr Jesus, jetzt lege ich dir meine Sünde hin und glaube es, dass du sie getilgt hast.« Jesus kauft los! Jesus macht Sklaven der Sünde frei! Philipp Friedrich Hiller singt: »Die Sünden sind vergeben. / Das ist ein Wort zum Leben / Für den gequälten Geist. / Sie sind's in Jesu Namen …«

Immer neue Bilder bringt die Bibel. Sie benutzt das Bild von der Versöhnung. Das weiß der finsterste Heide, dass er Versöhnung braucht. Deshalb gibt es in allen Religionen ein

Heer von Priestern, das Versöhnungsopfer darbringt. Gott aber erkennt nur ein einziges Versöhnungsopfer an: »Siehe, da ist Gottes Lamm, welches der Welt Sünde wegträgt!« Viele Priester haben viele Opfer gebracht. Jesus aber ist selbst der Priester, der mit Gott versöhnt! Und er ist selbst das Opfer, das mit Gott versöhnt! Er allein kann uns versöhnen mit Gott. Albert Knapp sagt in einem Lied: »Ewig soll er mir vor Augen stehen, / Wie er als ein stilles Lamm / Dort so blutig und so bleich zu sehen, / Hängend an des Kreuzes Stamm ... Und hat auch an mich gedacht, / Als er rief: Es ist vollbracht!«

Noch ein anderes Bild der Bibel ist das vom Waschen. Da schreibt ein Christ dem andern: »Er hat uns geliebt und gewaschen von den Sünden mit seinem Blut.« Sie kennen die Geschichte vom verlorenen Sohn, der schließlich im größten Dreck landete: bei den Schweinen. Wie viele sind so bei den Schweinen gelandet! Da kann man nur sagen: Es ist schade um sie! Aber dann kommt der verlorene Sohn zu sich – und läuft so, wie er ist, nach Hause in die Arme des Vaters. Er hat sich nicht erst gereinigt, einen Anzug gekauft und neue Schuhe beschafft. Er kam so, wie er war. Und dann hat der Vater ihn gereinigt und neu eingekleidet. Viele Menschen meinen, sie müssten erst gut werden, dann könnten sie Christen werden. Das ist ein katastrophaler Irrtum. Wir dürfen so dreckig und speckig, wie wir sind, zu Jesus kommen. Und wie beschmutzt und besudelt ist unser Leben! Kommen Sie zu Jesus, wie Sie sind! Er wäscht Sie rein! Er macht alles neu! »Das Blut Jesu Christi, des Sohnes Gottes, macht uns rein von aller Sünde.« So bezeugt es der Apostel Johannes. Und so dürfen auch wir es bezeugen!

Nun, ich kann Ihnen jetzt nicht all die Bilder der Bibel nennen. Ich denke mir aber, dass Sie selbst anfangen, die Bibel zu lesen, so dass Sie diese herrliche Botschaft von der Vergebung der Sünden immer mehr kennen lernen.

Wie werden wir mit dem Leben fertig, wenn Schuld und Versäumnis uns ständig begleiten? Dann komme ich nicht zurecht! Aber ich komme zurecht, wenn ich Jesus gefunden habe und durch ihn Vergebung der Sünden erfahren habe! Dann hört die tiefe Angst und Verzweiflung auf. Sich Jesus ausliefern, das ist keine dunkle, schreckliche Angelegenheit, sondern da werden Sie herausgeführt aus dem Keller der Angst in den hellen Frühlingssonnenschein der Gnade Gottes. Und das wünsche ich Ihnen von ganzem Herzen.

Also: Brauchen wir Vergebung der Sünden? Ja! Wo kriegen wir sie? Bei Jesus, dem gekreuzigten und auferstandenen Heiland!

Wie komme ich dazu?

Jetzt denkt vielleicht jemand – hoffentlich! –: »Das ist ja großartig! Das muss eine herrliche Sache sein, Vergebung der Sünden zu haben! Aber wie komme ich dazu? Keine Tageszeitung schreibt davon, kein moderner Roman berichtet darüber, kein Film sagt es mir. Wie komme ich dazu?« Ja, wie komme ich dazu?

Da kann auch einer dem andern schlecht helfen. Ich glaube, das Beste ist, Sie gehen heute noch in die Stille und rufen Jesus an. Er ist ja auferstanden. Er lebt! In der Bibel werden die Leute, die zum Glauben gekommen sind, so bezeichnet: »alle, die den Namen Jesus anrufen«. Jetzt gehen Sie einfach mal herzu und rufen Sie ihn an!

Sie kennen den Ausdruck »anrufen«? Hören Sie: Sie haben eine direkte Leitung zu Jesus! Die liegt jetzt schon so lange tot! Sie haben eine direkte Leitung zu Jesus – und vielleicht noch nie darauf gesprochen?! Ist ja ein Elend! Rufen Sie ihn an! Sie brauchen gar nicht lange zu wählen. Sagen Sie nur: »Herr Jesus!« – und er ist schon an der Leitung. Er ist schon da! Das ist nämlich Beten.

Und was Sie dann sagen? Alles, was im Herzen ist! Sagen Sie: »Herr Jesus! Ich habe eine trübe Bindung mit einem Menschen. Ich komme da auch nicht alleine heraus. Ich weiß aber, dass es Sünde ist, Herr Jesus, hilf du mir!« – »Herr Jesus! In meinem Geschäft stimmt es nicht. Die Steuererklärungen sind seit Jahren verkehrt. Ich weiß auch nicht, wie ich es anders machen soll, weil ich sonst Pleite mache. Herr Jesus, hilf du mir!« – »Herr Jesus! Ich bin meiner Frau nicht treu. Ich kann da nicht heraus.

Herr Jesus, hilf du mir!« Verstehen Sie, Sie dürfen das, was Sie keinem Menschen sagen, dem Herrn Jesus in die Leitung hinein anvertrauen. Er hört. Packen Sie mal aus! Das ist Befreiung. Sagen Sie ihm all Ihre Schuld.

Fragen Sie ihn: »Herr Jesus, der Pastor Busch hat gesagt, durch dein Blut wird alles gut. Ist das wahr?« Sagen Sie ihm das. Rufen Sie ihn heute noch an. Fangen Sie an, auf der Leitung, die schon so lange unbenutzt ist, mit Jesus zu sprechen. Lassen Sie die Leitung heißlaufen! Sie können mit ihm reden. Kommen Sie zu den Leuten, »die den Namen Jesus anrufen«!

»Ja«, sagen Sie, »dann habe ich ihm alles gesagt, aber er sagt mir nichts!« Doch, doch, passen Sie auf! Jetzt will ich Ihnen die Leitung sagen, auf der er mit Ihnen redet. Da nehmen Sie ein Neues Testament. Später lesen Sie das Alte Testament. Aber damit fangen Sie nicht an, das ist zunächst zu schwer. Fangen Sie im Neuen Testament mit dem Johannes-Evangelium an, dann lesen Sie das Lukas-Evangelium. Fangen Sie mal an, so zu lesen, wie Sie einen Tatsachenbericht in einer Illustrierten lesen. Und dann werden Sie merken: Da redet er! Das unterscheidet die Bibel von allen anderen Büchern, dass durch diese Leitung der jetzt lebende Herr mit mir redet.

Mir sagte einer: »Wenn ich Gott hören will, dann gehe ich in den Wald.« Da habe ich ihm geantwortet: »Das ist ja Unsinn! Wenn ich in den Wald gehe, dann höre ich die Bäume rauschen, die Vöglein singen und die Bächlein murmeln. Das ist bildschön. Aber ob meine Sünden vergeben sind und wie ich ein neues Herz kriege und ob Gott mir gnädig ist, das sagt mir der Wald nicht. Das sagt Gott mir nur durch die Bibel.«

Nehmen Sie sich jeden Tag eine stille Viertelstunde für Jesus. Da rufen Sie den Herrn Jesus an und sagen Sie ihm alles: »Herr, ich habe heute so große Aufgaben. Ich werde alleine nicht fertig.« Sie verstehen: Sagen Sie ihm alles! Und dann schlagen Sie das Neue Testament auf und lesen Sie ein halbes Kapitel. »Herr Jesus! Jetzt rede du!« Und auf einmal ist da ein Wort Gottes für Sie. Sie merken: »Das sagt er zu mir.« Unterstreichen Sie sich das. Schreiben Sie am besten das Datum daneben.

Ich kam als junger Mann mal in ein Haus. Da lag auf dem Klavier eine Bibel. Als ich sie in die Hand nahm, stellte ich fest, dass viele Stellen rot und grün angestrichen und Daten daneben eingetragen waren. Da fragte ich – es war eine große Familie –: »Wem gehört denn diese Bibel?« »Die gehört unserer Emmi.« Ich guckte mir die Emmi an – und heiratete sie. Solch ein Mädchen wollte ich haben, welches das begriffen hatte, dass Jesus auf dieser Leitung zu uns redet und auf keiner anderen.

Wenn die Leute sich über die Bibel streiten, dann wird mir ganz übel. Sie sagen: »Die Bibel ist auch nur von Menschen geschrieben« – und lauter so dummes Zeug. Das langweilt mich!

Ich war im Ersten Weltkrieg eine Zeit lang Telefonist. Da kannten wir noch keinen drahtlosen Funk. Wir hatten kleine Apparate, an denen die Drähte angeschlossen wurden. Eines Tages musste ich zu einem auf einer Höhe gelegenen Beobachtungsposten. Es war noch nichts ausgebaut, und ich lag im Gras und versuchte, die Leitung zur Batterie herzustellen. Und da kommt so ein leicht verwundeter Infanterist über die Höhe. Ich rufe: »Mensch, schmeiß dich hin! Wir sind eingesehen! Gleich kriegen wir Feuer!« Er schmeißt sich hin, kommt zu mir gekrochen und sagt: »Ich habe einen schönen Heimatschuss und kann jetzt nach Hause. Hör mal, du hast aber da einen alten Apparat!« »Ja«, murmele ich, »ein altes Modell.« »Und die Klemmen sind ganz locker!« »Ja«, bestätige ich, »die Klemmen sind ganz locker.« »Und da ist so ein Stück abgehauen!«, sagt er. Da platzt mir der Kragen. »So, jetzt halte mal den Mund. Ich habe keine Zeit, deine lange Kritik anzuhören! Ich muss auf die Verbindung horchen!« Und so geht's mir mit der Bibel. Ich will die Stimme Jesu hören – und dann kommen Leute und sagen: »Die Bibel ist auch nur von Menschen geschrieben!« Da kann ich nur antworten: »Ach, haltet doch den Mund! Ich höre hier die Stimme Jesu!«

Verstehen Sie: Lassen Sie sich nicht dumm machen! Er redet auf dieser Leitung!

Und suchen Sie Gemeinschaft mit Leuten, die denselben Weg gehen wollen!

Sehen Sie, wenn ich bei meinen Gesprächen hin und her so etwas sage, dann erwidern die Leute mir immer: »Ach, das ist für Großmütter. In der Kirche sind doch nur alte Leute.« Und darum freue ich mich, über 30 Jahre lang Jugendpfarrer gewesen zu sein, der viele junge Leute kennen gelernt hat, die Ihnen das bestätigen könnten, was ich gesagt habe, dass es Vergebung der Sünden gibt, dass man mit Jesus reden kann, dass er antwortet.

Suchen Sie solche Gemeinschaften mit Leuten, die auch Erfahrungen mit Jesus haben. Ja, man kann Menschen finden, die auch mit Jesus den Weg zum Himmel gehen wollen.

Und nun steht Jesus vor Ihnen und sagt Ihnen: »Kommet her zu mir alle, die ihr mühselig und beladen seid, weil euch Schuld und Versäumnis ständig begleiten. Ich will euch erquicken! Ich kann euch Vergebung der Sünden schenken!«

Gibt es Gewissheit in religiösen Dingen?

Nun, das ist ganz klar: In »religiösen« Dingen gibt es keine Gewissheit. »Religion« ist das ewige Suchen nach Gott. Das bedeutet beständige Unruhe und Ungewissheit. »Evangelium« ist etwas ganz anderes. Es ist das Suchen Gottes nach uns. Wir fragen deshalb besser: »Gibt es im Christentum Gewissheit?«

Gott gegenüber leisten wir uns eine unerhörte Ungewissheit

Da muss ich zunächst einmal sagen, dass wir Menschen von heute eigentlich komische Typen sind. Wenn der stabilste Mann bloß ein kleines Wehwehchen hat, dann rennt er zum Doktor und fragt: »Herr Doktor, es tut hier so weh. Was ist das?« Man will genau wissen, wie man dran ist! Oder ein anderer Fall: Da sucht eine Familie eine Hausgehilfin. Und tatsächlich meldet sich eine. »Ja«, erklärt die Frau, »Sie haben also Ihr eigenes Zimmer mit fließend warm und kalt Wasser, Fernsehapparat, Musiktruhe. Einmal in der Woche haben Sie ganz frei.« »Das ist ja schön und gut«, sagt das Mädchen, »aber ich möchte gern wissen, was ich denn verdiene – an Bargeld.« »Nun«, erwidert die Frau, »darüber würden wir uns noch gelegentlich einigen. Ich möchte erst mal sehen, was Sie leisten.« »Nee, nee«, entgegnet das Mädchen, »so nehme ich die Stelle nicht an. Ich möchte von vornherein wissen, was ich verdiene.« Hat das Mädchen Recht? Aber sicher hat es Recht! Wenn wir eine Stelle antreten, ist die wichtigste Frage doch: »Wie hoch ist der Lohn?« oder »In welche Gehaltsstufe komme ich?« Wir wollen doch wissen, wo wir dran sind! In Geldsachen dulden wir keine Ungewissheit. Ja, auf allen Gebieten wollen wir wissen, wo wir dran sind. Nur auf dem allerwichtigsten Gebiet – nämlich dem lebendigen Gott gegenüber – halten wir es aus in einer merkwürdigen Unklarheit.

Vor vielen Jahren hatte ich Versammlungen in Augsburg, und zwar in einem Zelt auf dem Plärrer. Das ist ein Platz, wo sonst Kirmes ist. Und da kamen die Veranstalter auf eine großartige Idee. Weil es samstags abends in den Vergnügungslokalen immer toll herging, beschlossen sie: »Wir machen eine Versammlung Samstagnacht um zwölf Uhr.« Das wurde nun gar nicht vorher bekannt gegeben, weil sonst all die lieben neugierigen Christen gekommen wären, die man bei dieser Versammlung aber nicht dabeihaben wollte. Meine Freunde fuhren nachts um halb zwölf mit Autos los und sammelten all die Nachtschwärmer ein, die aus den Vergnügungslokalen kamen, welche um zwölf Uhr zumachten: Kellner, die nach Hause gingen, Barmädchen, die Feierabend hatten. Dauernd luden die Autos ihren Inhalt am Zelt ab. Und als ich um zwölf Uhr auf das Podium trat, hatte ich eine Versammlung vor mir, wie ich selten eine gehabt habe. Herrlich! Manche waren leicht bläulich. Einer saß gerade vor mir, ein Dicker mit einer halb angekauten Zigarre im Mund, der hatte sogar einen Hut auf, den meine Jungen »Melone« nennen. Ich dachte: »Wenn das mal gut ausgeht!« Und dann fing ich an zu reden. Als ich zum ersten Mal das Wort »Gott« sage, brüllt der Dicke mit der Melone dazwischen: »Gibt's doch gar nicht!« Alles lacht. Und da beuge ich mich über das Pult und frage: »Wissen Sie es ganz genau, dass kein Gott ist? Wissen Sie es hundertprozentig?« Darauf kratzt er sich am Kopf, dass seine Melone nach vorne rutscht, schiebt seinen Zigarrenstummel in den anderen Mundwinkel und sagt schließlich: »Na ja, genau weiß ja niemand was darüber.« Da habe ich dem Dicken ins Gesicht gelacht und gesagt: »Doch! Ich weiß ganz genau Bescheid!« »Nanu«, meint er, »woher wollen Sie etwas Genaues über Gott wissen?« Dann habe ich ihm erklärt, dass ich durch Jesus ganz genau Bescheid weiß über Gott. Und auf einmal war eine große Stille in der Versammlung.

Haben Sie Gewissheit über Gott? Ich frage die Christen: Können Sie sagen: »Bis zum Schwören kann ich's wissen, / Dass mein Schuldbrief ist zerrissen / Und die Zahlung ist vollbracht«? Und die Antwort? »Ja, ich hoffe doch!«

Verstehen Sie: Das ist doch komisch, Gott gegenüber haben es Heiden und Christen erträglich gefunden, in großer Ungewissheit und Unsicherheit zu leben! Wenn ich durch die Stadt gehen und die Männer ansprechen würde: »Sagen Sie, glauben Sie, dass ein Gott lebt?«, dann würden sie mir antworten: »Ja, wird wohl einer sein.« Wenn ich aber dann weiterfrage: »Gehören Sie ihm?«, dann würde ich zu hören bekommen: »Weiß ich nicht!« Welch unerhörte Unklarheit sich doch stabile Männer auf diesem Gebiet leisten!

Das erlebte neulich auch einer meiner jungen Freunde. Er ist Student und verdiente sich sein Geld während der Semesterferien als Hilfsarbeiter auf dem Bau. Eines Tages kommen die Kollegen dahinter, dass er in der evangelischen Jugendarbeit tätig ist. »Mensch!«, geht's los. »Du bist bei dem Pastor Busch?« »Ja.« Und dann hebt ein ungeheurer Spott an. »Da gehst du wohl sonntags in die Kirche?« »Sicher!« »Jeden Sonntag?« »Jeden Sonntag!« »Jeden Sonntag! Bist du wahnsinnig?« »Nee«, sagt er, »ich gehe in der Woche auch noch in die Bibelstunde!« »Mensch, du musst verrückt sein.« Und nun prasselt's auf ihn herunter: »Die Pfaffen machen die Leute bloß dumm!« – »Das ganze Christentum hat versagt, obwohl es 2000 Jahre Zeit gehabt hat!« – »Die Bibel ist ein großer Unsinn!« Kurz, es ergießt sich ein riesiger Spott über den jungen Mann. Der aber hat ein Fell wie ein Elefant und lässt das alles über sich ergehen. Als die Kerle fertig sind, sagt er: »Ja, wo ihr so zum Christentum steht, kann ich ja wohl annehmen, dass ihr alle aus der Kirche ausgetreten seid.« Schweigen in der ganzen Runde! Und dann entgegnet so ein Alter: »Was heißt: ›aus der Kirche ausgetreten‹? Mensch, ich glaube auch an einen Herrgott! Du tust so, als ob du alleine Christ wärst. Ich bin auch ein Christ! Ich glaube auch an den Herrgott!« Da fallen die andern ein: »Oberhaupt – diese Art von dir, dass du dich besser fühlen willst als wir! Wir sind auch Christen! Wir glauben auch an den Herrgott!« Plötzlich war der Spieß umgedreht. Auf einmal schrien sie unisono: »Wir glauben auch an den Herrgott! Wir sind auch Christen!« Als sie fertig sind, sagt mein Freund: »Ja, warum verspottet ihr mich denn?« Antwort: »Ach, du machst uns nur verrückt. Mit dir kann man nicht reden!«

Verstehen Sie: Stabile Männer vom Bau, die ohne Schwierigkeit ein paar Flaschen Bier austrinken können, wenn sie ordentlich geschwitzt haben, spotten zuerst mit großem Getöse übers Christentum, aber dann sagen sie: »Moment mal, wir sind auch Christen!« Ja, was denn nun? Ist das nicht erschütternd? Gott gegenüber erlaubt man sich die größte Ungewissheit. Da sind wir bald heidnisch, bald christlich. Habe ich Recht? Ich fürchte, dass die allermeisten von Ihnen auch in dieser Ungewissheit und Unklarheit leben!

Die Bibel spricht von strahlender Gewissheit

Sie werden jetzt vielleicht ganz erstaunt fragen: »Ja, Pastor Busch, hat es denn der christliche Glaube wirklich mit Gewissheit zu tun? Ist das denn nicht gerade der Witz beim Christentum, dass man nichts weiß und alles glauben muss?« Vor kurzem sagte mir ein Mann wieder einmal den schönen Satz, den ich in meinem Leben so oft gehört habe: »Wissen Sie: Dass zwei mal zwei vier ist, das weiß ich, aber im Christentum kann man doch nichts wissen, sondern da muss man eben glauben.« Hier haben wir also die Vorstellung, dass man den christlichen Wahrheiten gegenüber seinen Verstand in den Koffer packen oder an der Garderobe abgeben und ins Ungewisse hinein glauben muss. Das ist die Überzeugung der meisten.

Oder da steht einer vor mir und erklärt: »Ja, Pastor Busch, ihr Christen seid euch ja selber nicht einig. Da gibt's Katholiken, Evangelische und viele andere. Und bei den Evangelischen gibt es Lutheraner, Reformierte und viele andere. Wer hat denn Recht?« Ich glaube, dass selbst die Christenheit im Grunde überzeugt ist, dass christlicher Glaube das Ungewisseste und Unsicherste ist, was es gibt. Das ist aber ein riesengroßer Unsinn.

Sehen Sie: Was Christentum ist, erfahre ich doch nur aus dem Neuen Testament. Und da ist jede Zeile erfüllt mit strahlender Gewissheit! Nehmen Sie mir das ab! Es ist lächerlich, dass die

Christenheit so in Unklarheit lebt. Aber am Christentum liegt das nicht. Nein! Das ganze Neue Testament ist erfüllt mit strahlender Gewissheit. Ich will Ihnen das kurz sagen:

Da ist eine ganz große Gewissheit, dass Gott lebt! Nicht ein höheres Wesen, nicht eine Vorsehung, nicht ein Schicksal, nicht ein Herrgott, sondern Gott, der Vater Jesu Christi, lebt. Woher wir das wissen? Er hat sich in Jesus geoffenbart! Nun wissen wir das hundertprozentig. Schlagen Sie die Bibel auf, wo Sie wollen, da werden nicht religiöse Probleme gewälzt, sondern es wird bezeugt: Gott lebt! Und er hat sich geoffenbart in Jesus! Und der Mensch, der ohne Gott lebt, lebt schräg, verkehrt, falsch.

Da ist ebenso die Gewissheit, dass dieser Gott, der Völker vernichten kann, der Gericht halten wird, mich brennend liebt. Das wird nicht vermutet, sondern es heißt in Römer 8: »Ich bin gewiss – gewiss! –, dass weder Tod noch Leben mich scheiden kann der Liebe Gottes, die in Christo Jesu ist, unserm Herrn.« Die Liebe Gottes kam in Jesus zu uns! Das vermuten wir nicht, das wissen wir. Wo ist die Liebe Gottes? Er hat uns in Jesus geliebt. Jünger Jesu singen: »Ich bete an die Macht der Liebe, / Die sich in Jesus offenbart ...« Kennen Sie das? Haben Sie davon eine Ahnung?

Die Menschen in der Bibel sind gewiss geworden, dass sie Gott gehören. Da sagt David im 49. Psalm: »Er wird mich erlösen aus der Hölle Gewalt, denn er hat mich angenommen.« Nicht: »Ich hoffe, ich werde einmal selig werden«, sondern: »Ich weiß, er hat mich angenommen.« Oder: »Gott hat uns errettet von der Obrigkeit der Finsternis und versetzt in das Reich seines lieben Sohnes.« Jünger Jesu haben eine Existenzveränderung erlebt durch Jesus – und wissen das! Oder: »Wir wissen, dass wir vom Tod zum Leben gekommen sind.« »Wir wissen!« Können Sie das sagen? Oder: »Sein Geist gibt Zeugnis meinem Geist, dass ich ein Kind Gottes bin.« Da steht: »bin«!

Die Bibel ist voll von lauter Gewissheit. Woher kommt in unserem Volk dieser unsinnige Satz. »Dass zwei mal zwei vier ist, das weiß ich, aber im Christentum kann man doch nichts wissen, sondern muss man eben glauben«? Dass zwei mal zwei vier ist, das weiß ich, aber dass Gott lebt, das weiß ich noch viel gewisser! Dass zwei mal zwei vier ist, das weiß ich, aber dass Gott uns in Jesus lieb hat, das weiß ich noch viel gewisser! Und die Menschen, die sich bekehrt haben zum lebendigen Gott, sagen: »Dass zwei mal zwei vier ist, das wissen wir, aber dass wir Kinder Gottes geworden sind, das wissen wir noch viel gewisser!«

Jetzt frage ich Sie: Wo findet man in der heutigen Christenheit eine solch strahlende Gewissheit? Wo? Daran merken Sie, dass wir ein bisschen weit von der Bibel weggekommen sind und wieder dahin zurückmüssen. Hören Sie doch auf mit so einem bisschen Christentum! Es lohnt sich nicht, ein bisschen Christentum zu haben. Es lohnt sich wirklich nur, einen biblischen Christenstand zu haben. Das lohnt sich! Gewiss sein, dass Gott lebt, mich brennend lieb hat und ich ihm gehören darf, das lohnt sich! Alles andere lohnt sich nicht.

Und dieselbe strahlende Gewissheit klingt uns entgegen aus dem ganzen Gesangbuch. Ich will mal einige Stellen zitieren: »Nun weiß und glaub ich feste, / Ich rühm's auch ohne Scheu, / Dass Gott, der Höchste und Beste, / Mein Freund und Vater sei.« Ich habe das meine Konfirmanden immer so aufsagen lassen: »Nun weiß und glaub ich feste.« Und bei der Konfirmandenprüfung brüllten sie so laut los, dass alle Eltern zusammenzuckten und aufguckten. Ich wollte ihnen das gerne beibringen. Christenstand ist nicht ein Wandern im feuchten Nebel, sondern wirklicher Christenstand ist ganz feste und strahlende Gewissheit! Oder: »Der Grund, da ich mich gründe, / Ist Christus und sein Blut.« Oder: »Ich weiß, woran ich glaube, / Ich weiß, was fest besteht, / Wenn alles hier im Staube / Wie Sand und Staub verweht.«

Lassen Sie es mich jetzt noch einmal anders sagen. Gewissheit im Christenstand heißt, objektiv zu wissen, dass Gott lebt und seine Offenbarung in Jesus Wahrheit ist, auch wenn die ganze Welt sie ablehnt, dass Jesus zur Versöhnung starb und auferstanden ist, um Sünder zu erretten, auch wenn keiner davon Gebrauch macht. Gewissheit im Christenstand heißt aber auch, subjektiv zu wissen, dass Gott lebt, sich in Jesus geoffenbart hat, gestorben und auferstanden ist, weil ich es für mich persönlich im gewissen Glauben angenommen habe.

Und wenn 10.000 Professoren einem gläubigen jungen Mann erklären, dass Jesus nicht auferstanden ist, so kann er bezeugen: »Verehrte 10.000 Professoren! Ich weiß, dass mein Erlöser lebt!« Und wenn die ganze Welt ihm widerspricht, dann sagt der Glaube: »Ich weiß, woran ich glaube!« Und wenn Sie mich überschütten mit einer Fülle von wissenschaftlichen Widerlegungen, dann antworte ich: »Ich weiß es besser!« Und wenn die ganze Welt zweifelte, dann würde ich sagen: »Ich habe die Gewissheit!« Meine Freunde, so gewiss ist der christliche Glaube, der uns in der Bibel entgegentritt.

Haben Sie Gewissheit?

Ja, jetzt muss ich Sie fragen: Haben Sie solche Gewissheit schon? Oder fehlt sie Ihnen noch? Wenn Sie sagten: »Ich habe gemeint, ich wäre ein Christ, aber ich bin keiner. Bei mir ist ja noch alles unklar!«, dann hätte ich nicht umsonst geredet. Ich erinnere mich an eine Freizeit, die ich mal mit jungen Männern in Holland hatte. Nachts um zwei Uhr klopft es an meine Stubentür. Ich mache auf. Da steht die ganze Gesellschaft in Schlafanzügen da. Ich frage: »Was wollt ihr?« Darauf sagt einer: »Wir haben geglaubt, wir wären Christen. Aber jetzt haben wir gemerkt, dass wir es noch nicht sind!« Und das hatte sie so unruhig gemacht, dass sie nachts um zwei Uhr Klarheit haben wollten. Das ist schon viel wert, wenn wir erkennen, dass unser ganzer Christenstand ja weit entfernt ist von dem, was uns in der Bibel an strahlender Gewissheit gezeigt wird.

Spurgeon, der gewaltige englische Erweckungsprediger, hat es einmal so ausgedrückt: »Der Glaube ist ein sechster Sinn.« Sehen Sie: Wir haben 5 Sinne, um diese Welt zu erkennen: Sehen, Hören, Fühlen, Schmecken, Riechen. Das sind die 5 Sinne, mit denen wir diese dreidimensionale Welt erkennen können. Ein Mensch, der nur mit diesen 5 Sinnen lebt, der fragt: »Wo soll Gott sein? Ich sehe ihn nicht. Und Jesus sehe ich auch nicht.

Ich glaube das alles nicht!« Wenn uns nun Gott durch seinen Heiligen Geist Erleuchtung gibt, dann kriegen wir den sechsten Sinn. Dann können wir nicht bloß sehen, hören, fühlen, schmecken und riechen, sondern dann können wir auch die andere Welt erkennen. Die Bibel sagt: »Das ist aber das ewige Leben, dass sie dich, der du allein wahrer Gott bist, und den du gesandt hast, Jesum Christum, erkennen.« Das kann der sechste Sinn!

Ich war vor kurzem in Essen bei einem großen Mann der Industrie. Er residiert in einem hohen Bürohaus, von wo aus man über die halbe Stadt sehen kann. Nachdem ich einige Vorzimmer passiert hatte, saß ich ihm schließlich gegenüber. Was ich von ihm wollte, war bald erledigt. Und dann kommen wir ins Gespräch. Er sagt: »Interessant, mal einen Pfarrer bei sich zu haben!« »Sicher«, antworte ich, »das ist toll interessant!« Da fährt er fort: »Sagen Sie mal, ich habe je und dann nach dem Kriege Akademie-Tagungen mitgemacht, aber ich habe doch den Eindruck …« »Na«, helfe ich ihm, »sagen Sie es schon, ich habe gute Nerven!« »Ich habe den Eindruck«, sagt er, »dass das Christentum doch eine sehr unklare Sache ist. Sehen Sie, man hat uns Vorträge gehalten über Themen wie ›Der Christ und die Wirtschaft‹, ›Der Christ und die Aufrüstung‹, ›Der Christ und die Abrüstung‹, ›Der Christ und das Geld‹, ›Der Christ und seine Kirche‹. Aber man hat mir nie gesagt, was denn nun eigentlich ein Christ ist. Das wissen die Leute offenbar selber nicht!« Da sitze ich also nun in dem schönen Büro und kriege das so vor die Stirn gesagt: »Das wissen die Leute offenbar selber nicht!« »O«, erwidere ich, »Sie irren!« Erstaunte Frage: »Können Sie mir denn sagen, was ein Christ ist?« »O ja«, entgegne ich, »das möchte ich Ihnen klipp und klar sagen. Das ist nichts Unklares.« »Ha«, spöttelt er ein wenig, »die einen sagen, ein Christ ist, wer mit der Polizei nicht in Konflikt kommt, und die anderen sagen, ein Christ ist, wer kirchlich getauft und beerdigt ist!« Ich fahre fort: »Herr Generaldirektor, ich werde Ihnen sagen, was ein Christ ist. Halten Sie sich gut fest! Ein Christ ist ein Mensch, der aus Herzensgrund sagen kann: ›Ich glaube, dass Jesus Christus, wahrhaftiger Gott, vom Vater in Ewigkeit geboren und auch wahrhaftiger Mensch, von der Jungfrau Maria geboren, mein Herr ist, der mich verlorenen und verdammten Menschen erlöst hat.‹ Herr Generaldirektor, Sie ›verlorenen und verdammten Menschen‹!« Da nickt er. Er verstand das. Das gab er zu. Das sind wir. »Gut«, sage ich, »›... der mich verlorenen und verdammten Menschen erlöst hat, erworben und gewonnen von allen Sünden, vom Tode und von der Gewalt des Teufels.‹ Herr Generaldirektor, ›... erworben und gewonnen von der Gewalt des Teufels‹!« Er nickt. Davon kennt er einiges. Und ich fahre fort: »›... nicht mit Gold oder Silber, sondern mit seinem heiligen, teuren Blut und seinem unschuldigen Leiden und Sterben, auf dass ich sein Eigen sei.‹ Sehen Sie: Wer das sagen kann: ›Ich bin ein Eigentum Jesu. Er hat mich erkauft von Sünde, Tod und Hölle durch sein Blut. Das weiß ich!‹, der ist ein Christ, Herr Generaldirektor.« Da ist ein Augenblick Stille in dem Büro. Und dann fragt er: »Wie komme ich dahin? Wie komme ich dahin?« Da habe ich ihm geantwortet: »Hören Sie, ich habe eben von Ihrer Sekretärin erfahren, dass Sie auf Urlaub fahren. Ich schicke Ihnen noch heute Nachmittag ein Neues Testament zu. Das werden Sie mitnehmen und jeden Tag ein Stück im Johannes-Evangelium lesen und darüber beten. Dann kommen Sie dahin!«

Sie verstehen mich: Der Christenstand, wie er mir im Neuen Testament entgegentritt, ist Gewissheit, dass die objektiven Wahrheiten wahr sind und dass ich es subjektiv im Glauben ergreifen darf und errettet werden kann! Haben Sie solche Gewissheit? Ich könnte nicht leben, wenn ich nicht wüsste, ob er mich angenommen hat. Da frage ich einen jungen Menschen: »Hast du Jesus lieb?« »Ja.« »Weißt du, dass er dich angenommen hat? Bist du sein Eigentum?« »Ja, genau weiß ich es nicht. Es ist noch so viel Kampf da.« »Mann«, sage ich, »so könnte ich nicht leben. Das muss ich doch wissen, ob er mich angenommen hat!« Ihr unsicheren Christen, die ihr nicht mal wisst, ob Gott da ist oder nicht, die ihr über eure Geldverhältnisse genau Bescheid wisst, über Gott aber nicht, ihr seid ja gar keine Christen!

Nach dem Neuen Testament sind das Christen, die sagen können: »Ich glaube, dass Jesus Christus mein Herr geworden ist.«

Ich muss hier eine nette Geschichte einfügen, die Sie vielleicht kennen. Der General von Viebahn erzählte, wie er im Manöver mal durch den Wald geritten ist, sei er an einem Baum hängen geblieben und habe sich einen Winkel in den Rock gerissen. Und das ist für einen General nicht schön. Als er abends in ein Quartierdorf reitet, sitzen da auf einem Mäuerchen ein paar Soldaten. Er hält sein Pferd an und ruft hinüber: »Ist unter euch ein Schneider?« Da flitzt einer heran, baut sich auf und sagt: »Jawohl, Herr General, ich bin Schneider.« Da befiehlt der General von Viebahn: »Dann kommen Sie gleich mal in mein Quartier im Gasthof zum Lamm und flicken Sie meinen Rock.« Doch da antwortet der Soldat: »Das kann ich aber nicht.« »Wieso können Sie das nicht? Sie sind doch Schneider!« »Verzeihung, Herr General«, sagt der, »ich heiße Schneider, aber ich bin kein Schneider.« Der General von Viebahn sagte, als er das erzählte, so schön dazu: »So kann man von den allermeisten Christen sagen. Im Fragebogen steht unter Religion: ›christlich, evangelisch‹. Aber in Wirklichkeit müssten sie sagen: ›Ich heiße Christ, aber ich bin kein Christ.‹«

O, welch ein erbärmlicher Zustand! Und wie gefährlich ist dieser Zustand, weil man ja dann überhaupt noch gar nicht errettet ist!

Und nun muss ich einen Schritt weiter gehen:

Wie kommt man zur Gewissheit?

Sie werden mich fragen: »Wie kommt man zu solcher Gewissheit?« Nun, da wäre viel zu sagen: Bitten Sie Gott darum! Fangen Sie an, regelmäßig in der Bibel zu lesen, jeden Tag eine stille Viertelstunde! Aber ich möchte Ihnen jetzt noch etwas ganz Wichtiges sagen: Man kommt zur Glaubensgewissheit nicht über den Verstand, sondern über das Gewissen!

Also sehen Sie: Wenn man heute mit Männern ins Gespräch kommt über das Christentum, dann fangen sie an: »Ja, Herr Pastor, ich kann nicht gut glauben. In der Bibel sind so viel Widersprüche.« »Widersprüche?«, frage ich. »Ja, da wird zum Beispiel erzählt: Adam und Eva hatten zwei Söhne, Kain und Abel. Kain schlug den Abel tot. Da war er allein noch übrig. Dann ging er in ein fremdes Land und suchte ein Weib. Ja, wenn das die einzigen Menschen waren, dann konnte er doch keine Frau suchen! Herr Pastor, das kann ich nicht verstehen.« Haben Sie die Geschichte auch schon gehört? Mit dieser Geschichte retten sich die deutschen Männer vor Gott. Ich pflege in solchen Fällen zu sagen: »Das ist ja interessant. Hier haben Sie eine Bibel. Wo steht das eigentlich, dass Kain in ein fremdes Land ging und sich dort ein Weib suchte?« Dann kriegen sie einen roten Kopf. »Ja«, fahre ich fort, »wenn Sie die ganze Bibel ablehnen, durch die Tausende von gescheiten Leuten zum Glauben gekommen sind, wenn Sie also noch gescheiter sein wollen, dann werden Sie die Bibel ja wohl gründlich studiert haben. Wo steht das eigentlich?« Und dann stellt sich heraus: Sie wissen es nicht. Und dann schlage ich es ihnen auf. Das steht nämlich da gar nicht, sondern da steht: »Kain ging in ein fremdes Land und erkannte sein Weib.« Seine Frau hatte er mitgenommen. Wer war denn die Frau? Es heißt vorher, dass Adam und Eva viele Söhne und Töchter hatten. Das war eine Schwester. Es steht ausdrücklich in der Bibel, dass Gott wollte, dass von einem Geschlecht alle Menschengeschlechter abstammen. Dann mussten zuerst die Geschwister heiraten. Später verbot Gott die Geschwisterehe. Alles klar? Alles klar! Ich stelle fest: »Ihr ganzes dummes Geschwätz fällt in sich zusammen!« Ist der Mann jetzt zum Glauben gekommen? Keine Rede! Er hat sofort eine neue Frage bereit: »Herr Pastor, sagen Sie mal …« – und dann geht's weiter. Daran wird deutlich: Ich könnte einem Mann hunderttausend Fragen beantworten – und er wäre nachher noch genauso verfinstert wie vorher. Der Glaube kommt nicht über den Verstand, sondern über das Gewissen!

In Essen war einer meiner Vorgänger der Pfarrer und Erweckungsprediger Julius Dammann. Zu dem kam einmal ein junger Mann und stellte auch die Frage nach Kains Weib und ähnliche andere. Da hat Dammann das vom Tisch gewischt und gesagt: »Junger Mann, Jesus Christus ist nicht gekommen, um spitzfindige Fragen zu beantworten, sondern um Sünder selig zu machen! Und wenn Sie mal ein armer Sünder sind, dann kommen Sie wieder.« Leute mit unruhigem Gewissen, Leute, die wissen: »Mein Leben stimmt nicht. Ich werde mit mir selber nicht fertig«, die können an den Heiland glauben lernen. Da kommt der Verstand hinterher.

Ich habe mal eine Geschichte erlebt, die ich Ihnen hierzu erzählen muss. Da komme ich eines Tages in ein Krankenzimmer, in dem sechs Männer liegen. Wie ich ins Zimmer trete, empfangen sie mich freudig: »Ach, Herr Pastor, wie schön, dass Sie kommen! Wir haben eine Frage.« »O«, entgegne ich, »eine Frage. Nett! Was für eine Frage?« Ich merke ihnen an, dass sie eine Falle für mich vorbereitet haben. Und da fragt einer unter der Spannung der anderen: »Sie glauben doch, dass Gott allmächtig ist?« »Ja, das glaube ich!« »Frage: Kann Ihr Gott einen Stein schaffen, der so schwer ist, dass er ihn selber nicht mehr aufheben kann?« Ist Ihnen der Witz klar? Sage ich »ja«, dann ist Gott nicht allmächtig, sage ich »nein«, dann ist er auch nicht allmächtig. »Kann Ihr Gott einen Stein schaffen, der so schwer ist, dass er ihn selber nicht mehr aufheben kann?« Einen Moment überlege ich: »Soll ich ihm das erklären?« Und dann kommt es mir doch zu dumm vor, und ich frage dagegen: »Junger Mann, jetzt will ich erst eine Frage stellen: ›Haben Sie wegen dieser Frage schon mal schlaflose Nächte gehabt?‹« »Schlaflose Nächte?«, fragt er verdutzt. »Nee!« Da erkläre ich: »Sehen Sie: Ich muss mit meinen Kräften sparsam umgehen. Und da kann ich bloß noch solche Fragen beantworten, worüber die Leute schlaflose Nächte haben. Junger Mann«, fahre ich fort, »seien Sie doch so gut und sagen Sie mir: Worüber haben Sie schlaflose Nächte?« Darauf antwortet er prompt: »Ach, die Sache mit meinem Mädel. Sie erwartet ein Kind, und wir können noch nicht heiraten.« »So«, sage ich, »darüber haben Sie schlaflose Nächte. Dann lassen Sie uns doch davon reden!« »Ja«, staunt er, »hat denn das etwas mit dem Christentum zu tun?« »O«, sage ich, »die Sache mit dem Stein hat nichts mit dem Christentum zu tun, aber gerade die Sache mit dem Mädel! Sehen Sie: Sie sind schuldig geworden! Sie haben Gottes Gebot übertreten. Sie haben das Mädchen verführt! Und jetzt überlegen Sie, wie Sie sich durch größere Sünde aus der Affäre ziehen könnten. Sehen Sie: Sie sind festgefahren in Schuld und Sünde. Ihnen kann nur geholfen werden, wenn Sie umkehren zum lebendigen Gott – Buße tun – und sagen: ›Ich habe gesündigt!‹ Dann ist ein Heiland da, der Ihnen zurechthelfen kann.« Und der junge Mann hört zu. Auf einmal geht ihm auf: »Jesus interessiert sich für mein belastetes Gewissen! Jesus kann helfen! Er ist die Rettung für mein verkorkstes Leben!«

Verstehen Sie: Er wollte über den Verstand gehen. Das war aber alles dummes Zeug. Aber als sein Gewissen angerührt wurde, da wurde es auf einmal hell. Ist Ihnen das deutlich? Wir kommen zur Gewissheit des Heils nicht über die Beantwortung spitzfindiger Fragen, sondern indem wir unserem Gewissen Recht geben und einmal sagen: »Ich habe gesündigt.« Dann geht einem der Heiland auf, der am Kreuz hängt. Und dann kann man erfahren: »Dir sind deine Sünden vergeben!« Und weiter: »Er hat mich angenommen!« Über das Gewissen geht der Weg – und nicht über die Vernunft.

Sehen Sie: Wenn man zur Gewissheit des Heils kommen will, dann muss man – darf ich es mal so ausdrücken? – etwas riskieren. Es gibt in Kirchen oft bunte Glasfenster. Wenn Sie sich die am hellen Tage von außen ansehen, dann sehen sie schwarz aus, dann erkennen Sie kaum etwas von den Farben. Wenn Sie aber in eine Kirche hineingehen, dann leuchten auf einmal die Farben auf. Und genauso ist es mit dem christlichen Glauben: Solange ich ihn von außen ansehen will, kapiere ich nichts. Dann ist alles dunkel. Ich muss hineingehen! Ich muss es mit Jesus wagen! Ich muss mich diesem Heiland übergeben, anvertrauen! Dann wird alles klar! Es ist ein Schritt vom Tode zum Leben, und dann versteht man mit einem Schlage das ganze Christentum.

Da hat der Herr Jesus einmal gepredigt. Und Tausende hörten ihm zu. Auf einmal sagt er ein schreckliches Wort: »So, wie ihr seid, könnt ihr nicht ins Reich Gottes kommen! Ihr müsst wiedergeboren werden! Eure Natur, auch die beste, taugt nicht ins Reich Gottes!« Da stehen hinten ein paar Männer auf und sagen: »Kommt, wir gehen! Ist ja unverschämt, was der sagt!« Und dann gehen die 3 Männer. Das sehen 6 Frauen und sagen: »Die Männer gehen. Kommt, dann gehen wir auch!« Und dann gehen die Frauen auch. Das sehen ein paar Jungen und sagen: »Die Männer gehen. Die Frauen gehen. Kommt, dann gehen wir auch.« Und auf einmal bröckelt's ab. Das muss schrecklich sein. Ich stelle mir vor, während meiner Predigt stünden die Zuhörer auf und gingen allmählich alle weg. Auf einmal bliebe ich allein übrig mit ein paar Getreuen. So war es bei Jesus. Schrecklich! Auf einmal ist Jesus allein. Tausende sind weggelaufen, während er spricht. Sie wollen ihn nicht mehr hören. Nur die 12 Jünger stehen noch da. Wenn ich der Herr Jesus gewesen wäre, hätte ich jetzt gebeten: »Ach, bleibt ihr doch wenigstens noch da! Verlasst ihr Treuen mich nicht!« Doch Jesus macht's anders. Wissen Sie, was er sagt? Er sagt: »Ihr dürft auch gehen, wenn ihr wollt!« Es gibt im Reiche Gottes keinen Zwang. Das Reich Gottes ist das einzige Reich, wo es keine Polizei gibt! Das Reich Gottes ist das Freiwilligste, was es gibt! »Ihr dürft auch gehen, bitte!« So sagt Jesus zu seinen Jüngern. Und die Jünger hat's gezogen. Wenn 6000 Menschen weglaufen, dann läuft man gern mit. Und so wären die Jünger schon gern mitgelaufen, zumal der Herr Jesus noch sagt: »Bitte, geht!« Er macht ihnen die Türen weit auf: »Ihr dürft auch! Ihr dürft verloren gehen! Ihr dürft gottlos sein! Ihr dürft in die Hölle laufen! Wie ihr wollt!« Da steht der Petrus und überlegt einen Augenblick: »Wohin soll ich denn gehen? Wohin? Ein Leben mit Arbeit und Mühe wie ein Pferd oder ein Leben im Schmutz der Sünde? Und am Ende stehen der Tod und die Hölle. Das ist doch alles nichts!« Dann fällt sein Blick auf Jesus, und eins ist ihm ganz gewiss: Es lohnt sich überhaupt nur ein Leben, das mit Jesus gelebt wird! So sagt er: »Wohin sollen wir denn gehen, Herr Jesus? Du hast Worte des ewigen Lebens, und wir haben geglaubt und erkannt (hören Sie: Gewissheit!), dass du bist Christus, der Sohn des lebendigen Gottes. Bei dir bleiben wir!«

Meine Freunde, so kommt man zur Gewissheit. Man schaut die Lebenswege an und erkennt: Jesus ist die einzige Chance für uns! O, ich wünsche Ihnen, dass Sie auch solche strahlende Gewissheit bekommen: »Wir haben geglaubt und erkannt, dass du bist Christus, der Sohn des lebendigen Gottes.«

Ganz zum Schluss möchte ich noch ein besonderes Wort sagen für die unter Ihnen, die im Glauben einen Anfang gemacht haben, die ihr Herz Jesus geschenkt haben und doch sagen: »Ich habe keine Gewissheit des Heils. Wie komme ich zur Heilsgewissheit? Ich sehe in meinem Leben immer noch so viel Sünde!« Diesen ernsten Seelen unter Ihnen möchte ich sagen: Meinen Sie, Heilsgewissheit könnte man erst haben, wenn man sündlos sei? Dann müssen Sie bis auf den Himmel warten! Ich brauche bis zum letzten Tag, ja bis zum letzten Atemzug meines Lebens das Blut Jesu zur Vergebung der Sünden!

Sie kennen die Geschichte vom verlorenen Sohn. Der kam nach Hause und sagte: »Ich habe gesündigt!« Und da nimmt der Vater ihn auf, und es wird ein Freudenfest gefeiert. Und jetzt male ich mir mal Folgendes aus: Am nächsten Morgen schmeißt der Sohn aus Versehen eine Kaffeetasse auf den Boden. Er war einen gedeckten Tisch nicht mehr gewöhnt von seinen Schweinen her. Er wirft also die Kaffeetasse aus Versehen runter. Und als die klirrend zerbricht, da schimpft er: »Verflucht noch mal!« Wirft der Vater ihn jetzt raus: »Marsch, zurück zu den Schweinen!«? Glauben Sie das? Nein! Sondern der Vater sagt: »Angenommen ist angenommen!« Er erklärt wohl: »Mein Sohn, das wollen wir nicht tun. Wir wollen jetzt mal darum ringen, dass du Kaffeetassen stehen lässt und nicht fluchst und dich allmählich an die Sitten des Hauses gewöhnst!« – aber er schickt ihn nicht zurück zu den Schweinen. Und sehen Sie: Wenn ein Mensch sich Jesus zu Eigen gibt, dann macht er die schreckliche Entdeckung: Die alte Natur ist noch da! Und es gibt noch Niederlagen! Aber wenn Sie nach Ihrer Bekehrung eine Niederlage erleben, dann verzweifeln Sie nicht gleich, sondern fallen Sie auf die Knie und beten Sie drei Sätze: Erstens: »Ich danke dir, Herr, dass ich dir immer noch gehöre!« Zweitens: »Vergib mir durch dein Blut!« Und drittens: »Mache mich frei von meiner alten Natur!« Aber erstens: »Ich danke dir, Herr, dass ich dir immer noch gehöre!«

Verstehen Sie: Gewissheit des Heils besteht darin, dass ich weiß: »Ich bin nach Hause gekommen und führe jetzt den Kampf der Heiligung als einer, der nach Hause gekommen ist, und nicht als einer, der immer wieder rein- und rausfliegt.« Wenn man predigt: »Man muss das Heil jeden Tag neu ergreifen!«, dann ist das eine grauenvolle Predigt. Meine Kinder brauchen nicht jeden Morgen bei mir anzutreten und zu fragen: »Papa, dürfen wir heute wieder deine Kinder sein?« Die sind meine Kinder! Und wer ein Kind Gottes geworden ist, der ist ein Kind Gottes und führt seinen Kampf um Heiligung jetzt als Kind Gottes!

Und nun wünsche ich Ihnen von ganzem Herzen die strahlende Gewissheit der Kinder Gottes!

Ist Christentum Privatsache?

Es ist ein immer wieder gehörter Satz: »Religion ist Privatsache!« – oder noch besser: »Ist Christenstand Privatsache?«

Ehe ich diese Frage beantworte, möchte ich eine Gegenfrage stellen. Denken Sie mal an ein Fünfmarkstück. Was ist darauf abgebildet? Eine Fünf oder ein Adler? Beides! Das Fünfmarkstück hat zwei Seiten. Und genauso ist es mit der Frage: »Ist Christenstand eine Privatsache?« Antwort: Beides! Ja und nein.

Ein richtiger, lebendiger Christenstand hat zwei Seiten: eine ganz private und eine ganz öffentliche Seite. Und wo es an einer von beiden fehlt, da ist nichts in Ordnung!

Ich möchte Ihnen nun die beiden Seiten eines richtigen, vom Heiligen Geist gewirkten Christenstandes zeigen.

Christenstand hat eine sehr private Seite

Um Ihnen das deutlich zu machen, will ich mit einer Geschichte anfangen. Es hat mal jemand zu mir gesagt, ich wäre ein »Geschichten-Erzähler«. Da habe ich geantwortet: »Das ist keine Schande. Ich habe immer große Angst, dass die Leute in der Kirche einschlafen. Aber wenn ich zwischendurch Geschichten erzähle, dann schlafen sie nicht ein!« Außerdem besteht ja das ganze Leben aus Geschichten – und nicht aus Theorien.

Im Ravensberger Land hat im vorigen Jahrhundert ein gewaltiger Erweckungsprediger gelebt: Johann Heinrich Volkening. Durch die Predigten Volkenings ist das Land um Bielefeld, das Ravensberger Land, tatsächlich umgewandelt worden. Dieser Volkening wurde eines Abends zu einem reichen Bauern gerufen. Der hatte einen großen Hof und war ein rechtschaffener und fleißiger Mann. Die Erweckungspredigten hasste er aber vom Grunde seines Herzens. – Wissen Sie: Er lehnte es ab, ein Sünder zu sein. Er brauchte keinen Sünderheiland am Kreuz. Er sagte: »Ich tue recht und scheue niemand.« – Eines Tages wird Volkening zu ihm gerufen, weil der Bauer auf den Tod krank ist. Er will das Abendmahl. Und Volkening geht hin. Volkening war von großer Gestalt, und seine leuchtend blauen Augen fielen besonders auf. Er tritt also an das Bett dieses Bauern, schaut ihn lange schweigend an und sagt dann: »Hinrich, ich bin bange, bange bei euch. So wie bisher geht's noch nicht in den Himmel, sondern geradewegs der Hölle zu.« Spricht's, dreht sich um und geht. Nun, der reiche Bauer hat eine Mordswut und tobt: »Das will ein Pfarrer sein! Ist das christliche Liebe?« Dann kommt die Nacht. Der schwerkranke Bauer liegt wach. In seinem Gewissen bohrt's: »Es geht nicht dem Himmel zu, sondern der Hölle! Wenn das wahr wäre!« Und dann fallen ihm auch allerhand Sünden ein. Er hatte Gott nicht geehrt. Und er hat gelegentlich auch sehr klug andere betrogen. In den Nächten darauf aber überfällt ihn eine richtige Angst. Er wird wirklich sehr unruhig. Er sieht auf einmal, dass es viel Schuld in seinem Leben gibt und dass er absolut kein Kind Gottes ist. Jetzt möchte er mit Ernst umkehren. Nach drei Tagen schickt er seine Frau wieder zu Volkening: »Frau, hole den Volkening!« Es ist spät am Abend. Volkening kommt sofort. Der Bauer sagt in großer Unruhe: »Pfarrer, ich glaube, ich muss umkehren!« »Ja«, erklärt Volkening, »sachte gehn kommt mit dem Alter! In der Not rufen sie, aber Notbuße – tote Buße! Es muss ganz anders kommen.« Spricht's, dreht sich um und geht. Jetzt hat der Bauer erst recht einen Mordszorn. – Sie hätten doch auch alle einen ganz großen Zorn auf den Pfarrer, nicht? Schließlich stände der Pfarrer sich ja auch besser, wenn er mit einem reichen Bauern freundlich spräche. Es sieht doch auch so aus, als ob der Mann bald sterben würde. Aber Volkening war ein Mann, der vor Gott stand und wusste, was er sagte. – Drei Tage hat's noch gedauert, bis der Bauer in eine schreckliche Not kam. Dann wusste er: »Ich muss sterben! Und wo sind in meinem Leben Liebe, Freude, Friede, Geduld, Freundlichkeit, Gütigkeit, Glaube, Sanftmut, Keuschheit gewesen?« Er hatte ein Leben lang den Heiland verachtet, der für ihn starb. Er hatte ihn weggejagt, der in seiner Liebe vor ihm stand. Er sieht sich am Rande der Hölle und ist ein völlig verzweifelter Mann. »Frau«, bittet er, »hol den Pfarrer!« Die entgegnet: »Ich mag nicht mehr! Der hilft dir doch nicht!« »Frau, hol ihn! Ich komme in die Hölle!« Da geht die Frau. Als Volkening kommt, findet er einen Mann, der begriffen hat: »Irret euch nicht, Gott lässt sich nicht spotten, denn was der Mensch sät, das wird er ernten!« Volkening rückt einen Stuhl ans Bett heran und fragt: »Gelt, es geht in die Hölle?« »Ja, es geht in die Hölle!« Da sagt Volkening: »Hinrich, lass uns nach Golgatha gehen! Auch für dich starb Jesus!« Und nun spricht er ihm in den freundlichsten und lieblichsten Worten davon, wie Jesus Sünder errettet. Aber dazu müssten wir erst auch in unseren eigenen Augen Sünder geworden sein. Da müsste es erst aufhören mit dem »Ich tue recht und scheue niemand!«. Da müsste man erst in der Wahrheit stehen. Dann könne Jesus erretten! Jetzt erkennt der Bauer auf einmal: »Jesus starb für mich am Kreuz! Er bezahlt für meine Sünden! Er kann mir die Gerechtigkeit schenken, die allein vor Gott gilt!« Und zum ersten Mal betet der Bauer richtig: »Gott, sei mir Sünder gnädig! Herr Jesus, rette mich vom Rande der Hölle!« Volkening geht leise weg. Er verlässt einen Mann, der Jesus anruft. Volkening ist getrost, denn dreimal steht in der Bibel: »Wer den Namen Jesus anruft, soll selig werden.« Als er am nächsten Tag wieder hinkommt, findet er einen Mann, der Frieden mit Gott hat. »Wie steht's, Hinrich?« Und Hinrich antwortet: »Er hat mich angenommen – aus Gnaden!« Ein Wunder ist geschehen!

Sehen Sie: So erlebte ein stolzer Bauer seine Wiedergeburt. Und nun passen Sie mal gut auf: In der Nacht kam einmal ein gelehrter Mann zum Herrn Jesus und sagte: »Herr Jesus, ich möchte mit dir über religiöse Fragen diskutieren.« Dem hat der Herr Jesus erwidert: »Hier wird nichts diskutiert! Es sei denn, dass jemand von neuem geboren werde, sonst kann er nicht ins Reich Gottes kommen!« »Wie?«, fragt der Mann. »Ich kann doch nicht wieder ein kleines Kind werden und noch einmal in der Mutter Leib gehen, um geboren zu werden!« Doch Jesus bleibt dabei: »Es sei denn, dass jemand geboren werde aus Wasser und Geist, sonst kann er nicht ins Reich Gottes kommen!« Das ist die private Sache des Christenstandes, dass ein Mensch durch die enge Pforte zum Leben kommt, dass er von neuem geboren wird durch das große Wunder Gottes.

Es sind nicht belanglose theologische Dinge, die ich Ihnen sage, sondern es geht um Ihre ewige Errettung. Nehmen Sie es mir ab! Es könnte sein, dass bei Ihrem Sterben kein Volkening da ist. Hören Sie: Zur Wiedergeburt gehört, dass ich endlich Gott Recht gebe, dass ich ein verlorener Mensch bin und dass mein Herz böse ist. Zur Wiedergeburt gehört die Sehnsucht nach Jesus, dem einzigen Heiland der Welt. Zur Wiedergeburt gehört das aufrichtige Bekenntnis an den Heiland: »Ich habe gesündigt gegen den Himmel und vor dir.« Zur Wiedergeburt gehört der Glaube: »Sein Blut macht mich rein von aller Sünde. Er bezahlt für mich und schenkt mir die Gerechtigkeit, die vor Gott gilt.« Zur Wiedergeburt gehört die klare und entschlossene Auslieferung an Jesus. Und zur Wiedergeburt gehört, dass der Heilige Geist Ihnen sagt: »Du bist jetzt angenommen!« Die Bibel nennt das »Versiegelung«. Ohne Wiedergeburt kommen Sie nicht ins Reich Gottes! Aber wer ein Kind Gottes geworden ist, der weiß es auch. Liebe Freunde, wenn ich am Ersaufen bin und es zieht mich einer aus dem Wasser, dann weiß ich doch, dass ich errettet bin, wenn ich an Land bin und wieder ruhig atmen kann!

Sehen Sie: Das ist die private Seite des Christenstandes. Das muss jeder ganz allein für sich durchmachen, damit er vom Tode zum Leben kommt. Ach, es ist ein Wunder, wenn ich zurückschaue und daran denke, wie ich des Herrn Jesu Eigentum wurde. Ich lebte fern von Gott und in allen Sünden. Doch dann kam Jesus in mein Leben. Und jetzt gehöre ich ihm und möchte ein Leben dranrücken, Menschen vor dem Verderben zu warnen und zu Jesus zu rufen. Ich bitte Sie: Ruhen Sie nicht, bis Sie durch die Wiedergeburt durch sind und wissen: »Es ist etwas, des Heilands sein, / Ich dein, o Jesu, und du mein / In Wahrheit sagen können.«

Aber die Wiedergeburt ist nicht das Ende, sondern der Anfang des privaten Christenstandes. Dann geht's mit der privaten Seite des Christenstandes weiter.

Von meiner Bekehrung ab habe ich – ich will's Ihnen bezeugen – gewusst: »Jetzt muss ich unbedingt jeden Tag die Stimme meines Freundes hören!« So fing ich an, die Bibel zu lesen. Heute meinen die Leute, nur ein Pfarrer liest die Bibel. Ich habe in der Nähe meines Hauses in Essen Parkanlagen. Da gehe ich gern morgens hinein und lese für mich meine Bibel, so im Auf- und Abgehen. Die Leute, die in der Nähe wohnen, können mich dabei beobachten. Und da sagt neulich einer zu mir: »Ich beobachte Sie immer, wenn Sie Ihr Brevier lesen.« Brevier lesen die katholischen Priester. Er konnte sich gar nicht denken, dass man ein Buch liest, das jeder Laie genauso lesen kann. Aber die Bibel kann jeder lesen!

Wenn ich mit meinen Essener Jungen eine Freizeit habe, dann versammeln wir uns noch vor dem Frühstück zu einer stillen Viertelstunde. Wir singen zunächst ein Morgenlied wie »Morgenglanz der Ewigkeit« und hören die Tageslosung. Anschließend gebe ich einen Bibeltext an. Dann setzt sich jeder in eine stille Ecke und liest den Bibeltext für sich. Und das tun die, die einen Anfang mit Jesus, die einen Anfang im Glaubensleben gemacht haben, zu Hause auch, weil sie nicht leben können, ohne die Stimme des guten Hirten zu hören und mit ihm zu reden. Jetzt bitte ich Sie: Beleben Sie die private Seite Ihres Christenstandes mal damit, dass Sie anfangen, das Neue Testament zu lesen! Eine stille Viertelstunde am Morgen oder am Abend!

Und wenn Sie Ihr Neues Testament wieder zuklappen, dann falten Sie die Hände und sagen Sie: »Herr Jesus, jetzt muss ich mit dir reden. Ich habe heute viel vor. Hilf mir auch durch! Bewahre mich auch vor meinen Lieblingssünden! Gib mir auch Liebe zum andern! Gib mir den Heiligen Geist!« Beten Sie! Reden Sie mit Jesus! Er ist da! Er hört Sie! Das gehört auch zur ganz privaten Seite eines lebendigen Christenstandes, dass ein Christ mit seinem Herrn redet.

Neulich sagte ich einem Herrn, der zum Glauben gekommen

war: »Sie brauchen täglich eine stille Viertelstunde mit Jesus!«
Darauf meinte er: »Pastor Busch, ich bin doch kein Pfarrer. Der
hat dafür Zeit. Aber ich? Ich habe doch furchtbar viel zu tun.«
Ich habe ihm erwidert: »Hören Sie mal! Sie werden doch nicht
fertig mit Ihrem Tag, nicht?« »Ich werde nie fertig!«, gab er zu.
»Sehen Sie!«, sagte ich, »das kommt daher, dass Sie keine stille
Viertelstunde haben. Wenn Sie sich angewöhnen, morgens mit
Jesus zu reden, fortlaufend ein paar Verse im Evangelium zu
lesen und dann noch einmal darüber beten, dann werden Sie
erleben, dass Sie auf einmal spielend fertig werden. Ja, je mehr
Sie zu tun haben, desto nötiger brauchen Sie die stille Viertelstunde. Später wird vielleicht sogar eine halbe Stunde daraus,
wo Sie die Sie bewegenden Dinge Ihrem Heiland erst vortra-
gen. Aber auf einmal geht alles besser. Ich rede aus Erfahrung.
Manchmal geht es mir auch so. Ich stehe aus dem Bett auf – und
schon schellt's Telefon. Dann liegt die Zeitung da. Dann klingelt
wieder das Telefon. Und dann kommt mich schon jemand be-
suchen. Aber den ganzen Tag über bin ich aufgeregt. Es klappt
nichts. Auf einmal fällt mir ein: ›Ich habe ja noch gar nicht mit
Jesus geredet! Und er ist auch noch nicht zu Wort gekommen!
Dann kann's ja nichts werden!‹«

Verstehen Sie: Die Stille mit Jesus gehört zur ganz privaten
Seite des Christenstandes!

Dann gehört weiter zur ganz privaten Seite des Christenstandes, dass man täglich sein Fleisch und Blut kreuzigt. Ich
habe in meinem Leben viele Leute gesprochen. Und die hatten eigentlich alle etwas zu klagen. Die Frauen klagen über
ihre Männer. Die Männer klagen über ihre Frauen. Die Eltern
klagen über ihre Kinder. Die Kinder klagen über ihre Eltern.
Probieren Sie mal selber Folgendes aus: Wenn ich mit meinem
Zeigefinger auf einen Menschen zeige: »Der ist schuld, dass ich
nicht glücklich bin!«, dann zeigen im selben Augenblick immer
drei Finger auf mich selber! Glauben Sie mir: Wenn Sie erst einmal eine stille Viertelstunde haben, dann deckt Ihnen Jesus auf,
dass alles Unglück an Ihnen selber liegt. Ihre Ehe klappt nicht,
weil Sie nicht vor Gottes Augen leben. Ihr Geschäft klappt nicht,

weil Sie nicht vor Gott wandeln. Christen müssen jeden Tag lernen, ihre Natur ans Kreuz zu schlagen.

Ich darf mal ganz persönlich reden. Sehen Sie: Ich habe gerade acht Tage lang mit 50 Mitarbeitern meiner Essener Jugendarbeit auf einer Freizeit zusammengelebt. Es war unbeschreiblich schön. Wir waren so glücklich miteinander, dass ich's gar nicht sagen kann. Es war alles so gesegnet. Und doch gab's ab und zu Schwierigkeiten. Aber bevor wir am letzten Tag das Abendmahl feierten, da geschah es, dass auf einmal einer zum andern ging und sagte: »Du, vergib mir das!« Ich musste zu dreien gehen und sagen: »Du, vergib mir, dass ich dich neulich angefahren habe!« Da entgegnete einer: »Sie haben aber Recht gehabt!« »Aber vergib mir's trotzdem«, bat ich. Verstehen Sie: Das ist mir schwer, wenn ich mich demütigen muss vor einem 20-jährigen Jungen. Aber es gab keine Ruhe, bis ich's tat.

Wenn Sie Stille mit Jesus haben, dann lernen Sie es auch, jeden Tag Ihre Natur zu kreuzigen. Und dann wird's um Sie herum schön! Das gehört zur ganz privaten Seite des Christenstandes. Und wenn Sie davon nichts wissen, dann hören Sie bitte auf, sich Christ zu nennen.

Sehen Sie: Ich gehe oft über die Straßen und überlege mir Folgendes: Alle Leute, die mir begegnen, sind christlich, fast alle zahlen Kirchensteuer. Wenn ich jetzt jemand anhalten und fragen würde: »Verzeihung! Sind Sie Christ?«, dann würde mir geantwortet werden: »Natürlich! Ich bin doch kein Mohammedaner!« Wenn ich nun aber weiterfragen würde: »Hören Sie mal! Haben Sie schon mal nicht schlafen können vor Freude darüber, dass Sie ein Christ sind?«, dann würde mir erwidert werden: »Sind Sie verrückt?« So ist es doch: Christenheit ohne Freude am Christenstand! Man schimpft höchstens, wenn die Kirchensteuer gezahlt werden muss. Aber von Freude keine Spur. Von dem Augenblick an aber, wo Sie eine Wiedergeburt erleben, erfahren Sie, was es heißt: »Freuet euch in dem Herrn allewege, und abermals sage ich: Freuet euch!«

Meine Freunde, ich habe meinen Jungen neulich ein herrliches Wort aus der Bibel gesagt: »Euch aber, die ihr meinen Namen fürchtet, soll aufgehen die Sonne der Gerechtigkeit« – das ist Jesus – »und Heil unter ihren Flügeln.« Schön ist das! Und wissen Sie, wie es weitergeht? So: »Und ihr werdet aus- und eingehen und hüpfen wie die Mastkälber.« Wunderbar ausgedrückt! Ich finde selten Christen, die vor Freude an ihrem Heiland »hüpfen wie die Mastkälber«. Woran liegt das denn, dass wir das nicht können? Das liegt daran, dass wir gar keine richtigen Christen sind! Ich denke an meine liebe Mutter. Bei ihr war etwas zu sehen von dieser unbändigen Freude am Herrn. Und ich denke an viele andere, die ich als fröhliche Christen kennen gelernt habe. Und wenn ich alt und älter werde, ich möchte auch die Freude am Herrn immer mehr erfahren. Ja, dazu muss man aber auch Ernst machen mit dem Christenstand und nicht nur ein bisschen Christentum haben!

So, dies ist die eine Seite des Christenstandes. »Ist Christenstand Privatsache?« Ja, Christenstand ist höchst privat!

Aber jetzt kommt die andere Seite des Fünfmarkstückes dran. Zugleich hat ein richtiger, lebendiger Christenstand eine Seite, die sehr öffentlich ist, die jeder sehen kann.

Christenstand ist eine öffentliche Angelegenheit

Die öffentliche Seite des Christenstandes besteht zunächst darin, dass man sich anschließt an die Gemeinschaft der Christen. Das ist sehr wichtig, was ich jetzt sage: Rechte Christen schließen sich an solche an, die auch selig werden wollen!

Jeden Sonntag ist Gottesdienst. Warum sind Sie nicht dabei? »Ja«, antworten Sie, »ich höre den Radio-Gottesdienst.« An dieser Stelle will ich nichts von den Kranken sagen. Die mögen sich erfreuen am Radio-Gottesdienst. Aber Ihr Christenstand ist ganz kümmerlich, wenn es Sie nicht in den richtigen Gottesdienst, in die Versammlung der Christen zieht! Das gehört dazu.

Um das Jahr 300 nach Christi Geburt – es ist also sehr lange her – saß auf dem Kaiserthron des großen römischen Reiches ein wundervoller Mann: Diokletian. Er war Sklave gewesen, wurde später freigelassen und hatte sich hoch geschafft, bis er Kaiser des großen römischen Reiches war. Damals war das Christentum schon weit verbreitet. Der Kaiser Diokletian wusste wohl, dass seine Vorgänger die Christen verfolgt hatten. Er sagte sich aber: »So dumm bin ich nicht, dass ich die besten Leute verfolge. Die sollen glauben, was sie wollen. Bei mir kann jeder die Religion haben, die er will.« Das war für einen Kaiser ein seltener, aber ganz guter Standpunkt, denn die Fürsten wollen immer gern auch die Gewissen regieren. Nun hatte der Kaiser Diokletian einen jüngeren Mitregenten namens Galerius. Der sollte einmal sein Nachfolger werden. Und dieser Galerius hat eines Tages etwa so zu Diokletian gesagt: »Hör mal, Diokletian. Das gibt ein großes Durcheinander, wenn die Christen überhand nehmen. Die reden nämlich dauernd von ihrem König Jesus. Wir müssen etwas gegen sie unternehmen!« »Ach!«, hat Diokletian erwidert, »lass mich in Ruhe damit! Seit 250 Jahren verfolgen meine Vorgänger die Christen und sind nicht fertig geworden mit ihnen. Da fange ich erst gar nicht damit an.« Und das war klug von dem Mann. Aber Galerius hat immer wieder gebohrt: »Ja, aber die Christen sind so etwas Besonderes. Sie sagen, sie hätten den Heiligen Geist, den die anderen nicht hätten, und sie würden selig, die andern aber nicht. Das sind hochmütige Leute. Du musst etwas dagegen tun!« Doch Diokletian hat erneute Christenverfolgungen abgelehnt. Aber dieser Galerius lag ihm länger in den Ohren, als ich erzählen kann. Und schließlich wurde Diokletian weich und erklärte: »Gut, dann wollen wir nur die christlichen Versammlungen verbieten.« So wurde ein Dekret erlassen: »Es kann jeder, der will, Christ sein. Nur sollen die Christen keine Versammlungen halten. Das wird bei Todesstrafe verboten.« Für sich durfte jeder Christ sein, sozusagen als Privatsache, aber sie durften sich nicht versammeln! Da kamen die Ältesten der Christenheit zusammen und berieten: »Was tun? Sollen wir nicht lieber nachgeben? Es kann ja jeder in seinem Haus machen, was er will. Da tut ihm ja keiner etwas.« Und nun ist es sehr interessant, dass diese Christen aus der Verfolgungszeit gesagt haben: »Dass man zusammenkommt zum Beten, Singen, Predigen, Hören und Opfern, das gehört einfach zum Christenstand. Wir machen weiter!« Dann haben sie sich weiterhin versammelt in der Gemeinde. Doch Galerius triumphierte: »Siehst du, Diokletian! Sie sind Staatsfeinde! Sie können nicht gehorchen!« Und dann brach eine der grausamsten Christenverfolgungen an. Viele haben nachgegeben und gesagt: »Man kann ja auch zu Hause ein Christ sein! Wir gehen nicht in die Versammlungen!« – und haben ihr Leben gerettet. Die Christengemeinde aber sagte: »Das sind Abgefallene. Wer nicht zur christlichen Versammlung geht, ist abgefallen!«

Das muss man den heutigen Christen mal sagen. Es gibt viele solche Abgefallene in der heutigen Christenheit! Die Christen von damals haben Recht gehabt, wenn sie sich dem Dekret des Kaisers widersetzten! In der Bibel steht ganz klar: »Lasst uns nicht verlassen unsere Versammlungen, wie etliche pflegen!« Heute müssten wir sagen: »… wie fast alle pflegen.« Und darum bitte ich alle unter uns, die selig werden wollen: Schließen Sie sich an die an, die mit Ernst Christen sein wollen!

Es gibt viele Möglichkeiten, Anschluss zu finden. Es gibt die Kirchengemeinde. Es gibt Hausbibelkreise. Es gibt die Gemeinschaftsbewegung. Es gibt Jugendkreise. Ich bitte Sie herzlich: Suchen Sie Gemeinschaft! Mir sagte mal ein Franzose: »Der eine isst gerne Heringe, und der andere geht gerne in die Kirche.« Nein, so ist es nicht! Es ist viel ernster: Der eine geht zur Hölle, und der andere schließt sich an die Christen an. So ist es! Und wenn Sie wirklich in die Nachfolge Jesu treten wollen, dann gehen Sie zu Ihrem Pfarrer und fragen Sie ihn: »Wo kann ich mich anschließen? Wo kann ich mehr von Jesus hören?« Und gehen Sie dahin, wo Sie wirklich vom Heiland hören! Es kann keiner sagen: »Bei uns ist nichts los!« Es gibt überall Leute, die den Herrn Jesus lieb haben. Das sind vielleicht wenige. Das sind vielleicht oft auch wunderliche Leute. Aber Ihr Christenstand ist tot, wenn Sie nicht an der Gemeinschaft der Christen teilhaben!

Zum rechten Zusammenkommen von Christen gehören immer vier Stücke. Erstens das Singen. Zweitens das Hören.

Drittens das Beten. Und viertens das Opfern. Das gehört zu einer christlichen Versammlung. Das haben die ersten Christen schon getan. Das sind Lebensäußerungen eines Lebens aus Gott.

Es gibt nur ein Christentum, wo man mit den anderen zusammenkommt. In der Bibel steht sogar: »Wir wissen, dass wir vom Tode zum Leben gekommen sind, denn wir lieben die Brüder.« Das heißt doch: Wen es nicht zu den anderen Christen hinzieht, der ist noch geistlich tot!

Ich vergesse nicht den wundervollen Anfang in meinem ersten Pfarramt in Bielefeld, wo ich als Hilfsprediger in einem Bezirk diente. Zum Gottesdienst fanden sich nur wenige in einem Kirchensaal zusammen. Aber dann gab es Gott, dass ich eines Samstagnachmittags im roten Volkshaus eine Ansprache hatte mit den Genossen, mit den Freidenkern, bis nachts ein Uhr. Um ein Uhr warf uns der Wirt aus dem roten Volkshaus hinaus auf die Straße. Es regnete. Zum ersten Mal hatte ich etwa hundert Männer, Fabrikarbeiter meines Bezirks, um mich versammelt. Wir standen unter einer Laterne. Die Männer fragten, und ich antwortete. Wir sprachen längst von Jesus, dass er aus der anderen Welt gekommen ist. Wir hatten längst davon geredet, dass sie unglücklich sind, dass es nicht wahr ist, dass sie keine Sünden haben, dass sie im Grunde wohl glauben, dass es eine Ewigkeit und ein Gericht Gottes gibt. Um zwei Uhr sagte ich: »Jetzt gehe ich heim, ihr Männer. Morgen früh um halb zehn habe ich Gottesdienst. Ich weiß, dass ihr ja gern kommen würdet, wenn nicht einer vor dem andern Angst hätte.« Es waren Westfalen. Vor mir stand der Arbeiter B. Etwa 35 Jahre alt war er damals und ein richtiger Westfale. »Ich habe Angst?«, entgegnete er. »Keine Rede!« Ich erwiderte: »Mann, sei doch ruhig! Da würde es am Montag in der Fabrik aber losgehen, wenn du am Sonntag in die Kirche laufen würdest. Und davor hast du Angst!« »Ich habe keine Angst!«, erklärte er mir nochmals. Ich sagte noch einmal: »Mann, du kämst ja so gern, aber ...« »Gut!«, sagte er, »ich komme morgen früh – mit dem Gesangbuch unterm Arm!« Und am Sonntagmorgen – also ein paar Stunden später – marschiert dieser Westfale mit seinem Gesangbuch durch die Straßen und kommt in den Gottesdienst. Es kannte sich jeder in dem Viertel. Am Montagabend kommt er zu mir und sagt: »Sie haben Recht. In der Fabrik haben sie sich mächtig aufgeregt, dass ich in die Kirche gegangen bin. Und da habe ich gemerkt, was das für ein Terror ist: Wir schreien von Freiheit und sind doch jämmerliche Knechte der Menschen. Ich habe ihnen alles hingeschmissen, auch ihr Freidenkerbuch. Sagen Sie mir jetzt mehr von Jesus!« Das wurde mein Erster, der sich klar bekehrte.

Verstehen Sie: Das fing damit an, dass er in den Gottesdienst ging zu dem armen kleinen Gemeindlein. Als einer standhielt, kamen auch andere nach. Da war eine Bresche geschlagen. Gott gab dann noch viel Leben. Aber es war mir damals interessant, dass für diese Arbeiter die Entscheidung damit fiel, dass sie zu uns kamen – in die Gemeinschaft der Christen.

Ich beschwöre Sie um Ihrer Seligkeit willen – ich bin nicht Propagandist für die Kirche und die Pfarrer oder die Gemeinschaft und deren leitende Brüder, sondern es geht in erster Linie um Ihr Seligwerden –: Schließen Sie sich der Gemeinschaft der Christen an!

Und das Zweite, was zur öffentlichen Seite eines richtigen Christenstandes gehört, ist, dass man das, was man in Jesus hat, auch mit dem Munde bekennt.

Wir sind in Deutschland in eine verrückte Situation gekommen. Man denkt: »Ich bezahle meine Kirchensteuer, und damit wird die Verbreitung des Evangeliums dem Pfarrer übertragen. Mich geht's nichts mehr an.« Manchmal wünsche ich mir, die ganze blödsinnige Kirchensteuerzahlerei hörte auf, damit die Christen, die Jünger und Jüngerinnen Jesu, wüssten: Das ist nicht nur Sache des Pfarrers, sondern auch unsere, dass Jesu Name bekannt wird da, wo wir stehen: im Betrieb, im Büro, in der Schule. Haben Sie schon mal bekannt: »Es ist wahr, dass Jesus lebt! Es ist Sünde, dass wir fluchen! Es ist eine Schande vor Gott, dass hier Zoten erzählt werden!«? Haben Sie schon mal bezeugt: »Ich gehöre Jesus!«? Da würden die Leute aufhorchen. Und ich will Ihnen etwas sagen: Solange wir nicht den Mut haben, unseren Heiland zu bekennen, solange sind wir überhaupt keine rechten Christen!

Jesus sagt – hören Sie gut zu –: »Wer mich bekennt vor den Menschen, den will ich auch bekennen vor meinem himmlischen Vater. Wer mich aber verleugnet vor den Menschen, den will ich auch verleugnen vor meinem himmlischen Vater.« Das wird schrecklich sein, wenn einst am Tage des Gerichts Christenleute auftreten und sagen: »Herr Jesus! Ich habe auch an dich geglaubt!« – und Jesus sagt zum Vater: »Ich kenne sie nicht!« »Herr Jesus, ich war doch …« »Ich kenne dich nicht! Dein Nachbar hat nicht gewusst, dass er zur Hölle läuft! Du hast ihn nie gewarnt, obwohl du selber den Weg zum Leben wusstest. Du hast geschwiegen in sämtlichen Sprachen der Welt, wenn es hieß, mal den Mund aufzutun und deinen Heiland zu bekennen!« Dann erwidern Sie vielleicht: »Ja, aber ich war selber so schwach im Glauben!« Und dann wird der Herr Jesus antworten: »Dann hättest du deinen schwachen Glauben bekennen können! Auch der schwache Glaube hat einen starken Heiland! Im Übrigen brauchtest du nicht deinen Glauben zu bekennen, sondern mich! Ich kenne dich nicht!« – »Wer mich bekennt vor den Menschen, den will ich auch bekennen vor meinem himmlischen Vater. Wer mich aber verleugnet vor den Menschen, den will ich auch verleugnen vor meinem himmlischen Vater.« Das sagt Jesus. Und er lügt nicht! Wann werden wir wieder Mut kriegen, den Mund aufzumachen?

Ich muss noch mal eine Geschichte erzählen: Ich sprach vor ein paar Wochen in einer Stadt des Ruhrgebiets. Die Vorträge waren arrangiert worden von einem jungen Kraftfahrzeugmeister, meinem Freund Gustav. Dieser Gustav ist deshalb ein fröhlicher und vollmächtiger Zeuge Jesu geworden, weil er im entscheidenden Augenblick gelernt hat, Jesus zu bekennen. Da ist er am Montagmorgen in der Werkstatt. Und dann erzählt jeder, was er Schändliches getrieben hat am Sonntag. Der eine sagt: »Wir haben uns besoffen, dass das Bier aus den Augen geronnen ist!« Und der andere erzählt Mädchengeschichten. »Und wo warst du, Gustav?«, fragt man. Er war damals noch

Lehrling. »Ich war morgens im Gottesdienst«, antwortet er. »Und nachmittags war ich im Jugendkreis des Weigle-Hauses bei Pastor Busch.« Da geht ein toller Spott an, und der kleine Lehrling steht ganz dämlich da. Auf einmal packt ihn, während alle, Gesellen und Meister, über ihn herfallen, eine Mordswut, und er denkt: »Warum darf man Schändlichkeiten in der Christenheit laut bekennen und seinen Heiland nicht?!« Und in diesem Augenblick entschloss er sich, die Werkstatt für Jesus zu erobern. Er fing an bei seinen Mitlehrlingen und sagte zu den Einzelnen: »Du gehst zur Hölle! Komm, geh mit ins Weigle-Haus in unseren Jugendkreis. Da hörst du von Jesus!« Als er nach der Meisterprüfung ausschied, war die Werkstatt verändert! Ich habe mich selber davon überzeugt. Sämtliche Lehrlinge waren in unserem Jugendkreis. Drei von den Gesellen waren im CVJM. In der Werkstatt wagte keiner mehr eine Zote zu erzählen. Wenn ein Neuer eintrat und dreckige Reden führen wollte, dann warnte man ihn: »Halt den Mund, Mensch, der Gustav kommt!« Sie hatten Respekt vor ihm bekommen. Heute hat er eine wundervolle Stelle und leitet eine große Kraftfahrzeugwerkstatt. Gott hat ihn gesegnet, auch äußerlich.

Ich frage noch einmal: Wo sind endlich die Christen, die den Mut haben, wieder den Mund aufzutun und ihren Herrn zu bekennen?! In dem Maß, wie wir es tun, wachsen wir innerlich!

Ist Christenstand Privatsache? Nein! Wir sind der Welt das Zeugnis von Jesus schuldig! Hören Sie auf mit Ihrem armseligen Schweigen! Jesus kennt Sie sonst am Jüngsten Tage nicht!

Als im Dritten Reich meine jungen Leute haufenweise als 16-, 17-Jährige eingezogen wurden, habe ich ihnen jedes Mal eine kleine Bibel geschenkt und ihnen gesagt: »Passt auf! Wenn ihr in den Arbeitsdienst kommt, dann legt gleich am ersten Abend die Bibel auf den Tisch, schlagt sie öffentlich auf und lest darin. Dann gibt's einen Mordsknall. Aber am zweiten Tag seid ihr durch. Wenn ihr's nicht am ersten Tage tut, kommt ihr nie zu Rande.« Und die Kerle haben das gemacht. Am ersten Tag kam die Bibel auf den Tisch! »Was liest du da?« »Die Bibel!« Das war jedes Mal eine Handgranate, denn in der deutschen Christenheit darf jeder jeden Dreck lesen, nur die Bibel nicht. Und dann geschah es bei meinem Freund Päule – er ist leider gefallen –, dass am nächsten Morgen, als er seinen Spind aufschließt, seine Bibel weg ist. Er schaut sich um. Einer grinst. Dann grinsen die anderen auch. »Habt ihr mir meine Bibel gestohlen?«, fragt er. »Mmmh –« »Wo habt ihr meine Bibel?« »Die hat der Oberfeldmeister!« Da weiß er: »Jetzt geht es hart auf hart.« Nach dem Dienst geht er abends für sich in eine stille Ecke und betet: »Herr Jesus, ich stehe ganz allein. Ich bin erst 17 Jahre alt. Ich bitte dich, lass mich jetzt nicht im Stich! Hilf mir, dass ich dich bekennen kann!« Dann geht er zum Oberfeldmeister und klopft an. »Herein!« Der Oberfeldmeister sitzt am Schreibtisch. Auf dem Schreibtisch liegt Päules Bibel. »Was willst du?« »Bitte Herrn Oberfeldmeister, mir meine Bibel wiederzugeben. Sie ist mein Eigentum.« »Ah!« Er nimmt die Bibel und blättert: »So, dir gehört die?! Weißt du nicht, dass das ein sehr gefährliches Buch ist?« »Jawohl, Herr Oberfeldmeister, das weiß ich. Die Bibel ist sogar gefährlich, wenn sie im Spind eingeschlossen ist. Sogar dann schafft sie Beunruhigung.« Bum! Der Oberfeldmeister richtet sich auf: »Setz dich mal!« Und dann gesteht er: »Ich wollte auch mal Theologie studieren.« »Dann ist Herr Oberfeldmeister vom Glauben abgefallen?«, fragt Päule. Und dann gibt es ein herrliches Gespräch, in dessen Verlauf ein Mann von vielleicht 40 Jahren einem 17-jährigen Jungen sagt: »Ich bin im Grunde todunglücklich. Aber ich kann nicht zurück, ich würde zu viel aufgeben müssen.« Und der Junge antwortet: »Armer Oberfeldmeister! Aber Jesus wäre jedes Opfer wert!« Der Oberfeldmeister entlässt den Jungen mit den Worten: »Du bist ein glücklicher Mensch!« »Jawohl, Herr Oberfeldmeister!«, bestätigte Päule – und zieht mit seiner Bibel ab. Und keiner sagte im Lager mehr ein Wort!

Ach, wo sind die Christen, die den Mut haben, zu ihrer Sache zu stehen?!

Ist Christenstand Privatsache! Ja! Wiedergeburt und Glaubensleben spielen sich im innersten Kämmerlein des Herzens ab!

Ist Christenstand Privatsache? Nein! Christen schließen sich zusammen zu Gemeinschaften, zum Gottesdienst, zu Hausbibelkreisen, zu Jugendkreisen, zu Frauenkreisen, zu Männerkreisen. Christen machen den Mund auf und bekennen ihren Herrn. Die Welt soll es merken, dass Gott in Jesus ein Feuer angezündet hat!

Was hat man denn von einem Leben mit Gott?*

Unser Thema heißt: »Was hat man denn von einem Leben mit Gott?« Wir könnten auch fragen: »Lohnt es sich, ein Christ zu sein?« Dazu muss ich Ihnen zunächst ein Bibelwort sagen. Im Epheserbrief heißt es: »Gelobt sei Gott und der Vater unseres Herrn Jesu Christi, der uns gesegnet hat mit allerlei geistlichem Segen in himmlischen Gütern durch Christus.« Dieses Wort spricht in wundervoller Weise von dem reichen Segen, den Christen durch Jesus haben. Aber bevor ich hierzu und damit zum Thema selber komme, muss ich erst einige Voraussetzungen klären. Das Erste, was ich sagen möchte, ist:

Ein Leben mit Gott ist keine Illusion!

Ja, ein Leben mit Gott ist keine Einbildung, keine Illusion! Das will ich Ihnen klar machen.

Als Pfarrer in der Großstadt hat man so allerhand interessante Begegnungen. Da treffe ich neulich einen jungen Mann und sage zu ihm: »Mensch, was könnte aus dir werden, wenn dein Leben Gott gehörte!« »Ach, Pastor Busch«, erklärt er, »bleiben Sie doch auf dem Teppich!« Kennen Sie den Ausdruck? Er wollte damit sagen: »Bleiben Sie mit den Beinen auf dem Boden! Es gibt ja gar keinen Gott!« Darauf ich: »Mann, das ist das Neueste, was ich höre!« Da sagt er: »Passen Sie mal auf! Wissen Sie: Die Menschen haben sich früher sehr hilflos gefühlt den Naturmächten gegenüber, und da haben sie sich gleichsam mächtige Kräfte vorgestellt, die ihnen helfen könnten. Die einen nannten es Allah, die andern Gott, die dritten Jehova, die

---

* Dies ist der letzte Vortrag von Pastor Busch, den er am 19. Juni 1966 in Sassnitz auf Rügen gehalten hat. Auf der Rückreise von diesem Evangelisationsdienst wurde er von Gott am 20. Juni 1966 heimgeholt.

vierten Buddha, die fünften ..., was weiß ich. Aber inzwischen hat sich herausgestellt, dass das alles nur Einbildung war und dass der Himmel leer ist!« So hielt er mir eine schöne Rede, der junge Mann. Als er fertig war, habe ich ihm erwidert: »Ach, mein Lieber, du kennst ja Jesus nicht!« »Jesus?«, fragt er. »Jesus – das ist doch auch einer von den vielen Religionsstiftern.« »Aber nein! Das ist ein Kurzschluss!«, erkläre ich ihm. »Das ist ein schrecklicher Druckfehler, mein Lieber! Ich will dir sagen, wer Jesus ist. Seitdem ich Jesus kenne, weiß ich nämlich überhaupt erst, dass Gott lebt! Ohne Jesus wüssten wir nichts von Gott!« Und dann habe ich ihm deutlich gemacht, wer Jesus ist.

Wer ist Jesus? Ich möchte es auch Ihnen an einem Beispiel deutlich machen.

Sehen Sie: Ich habe in meinem Leben viel durchgemacht. So war ich auch öfters im Gefängnis, nicht weil ich silberne Löffel gestohlen hätte, sondern um meines Glaubens willen. Im Dritten Reich liebten die Nazis keine Jugendpfarrer wie mich, und so wurde ich in schreckliche Gefängnisse gesperrt. Eine Haft brachte ich in einem besonders scheußlichen Gefängnis zu. Der ganze Bau war aus Beton, und die Wände waren so dünn, dass man hörte, wenn unten einer hustete oder wenn im dritten Stock einer aus dem Bett fiel. Ich saß in einem ganz schmalen Loch, als ich hörte, dass in die Zelle nebenan ein Neuer eingeliefert wurde, auch ein Gefangener der Geheimen Staatspolizei. Der Mann muss grauenvoll verzweifelt gewesen sein. Durch die dünne Wand hindurch hörte ich ihn nachts weinen. Ich hörte, wie er sich auf seiner Pritsche herumwälzte. Oft vernahm ich sein unterdrücktes Schluchzen. Es ist schrecklich, wenn ein Mann weint. Tagsüber durften wir nicht auf der Pritsche liegen. Dann merkte ich, wie er auf und ab ging, zweieinhalb Schritte hin, zweieinhalb Schritte her – wie ein Tier im Käfig lief er in seiner engen Zelle auf und ab. Manchmal hörte ich, wie er stöhnte. Und ich hatte den Frieden Gottes in meiner Zelle! Wissen Sie: Jesus war in meine Zelle gekommen! Und wenn ich hörte, wie der Mann nebenan verzweifelte, dachte ich daran: »Ich muss zu ihm! Ich muss mit ihm sprechen! Schließlich bin ich doch Seelsorger!« Dann habe ich nach dem Wärter geschellt. Der kam. Ich sagte: »Hören Sie! Nebenan ist ein Mann, der verzweifelt, der kommt um in seiner Verzweiflung! Ich bin Pfarrer, lassen Sie mich zu ihm. Ich möchte mal mit ihm reden!« Da antwortet er: »Ich will fragen.« Nach einer Stunde kam er zurück: »Ist nicht genehmigt! Abgelehnt!« So habe ich den Mann von nebenan weiterhin nie gesehen. Und er war doch nur eine Handbreit neben mir. Ich weiß nicht, wie er aussah, ob er alt oder jung war. Ich spürte nur seine entsetzliche Verzweiflung. Können Sie sich das vorstellen? Und da habe ich manchmal vor der Wand gestanden und gedacht: »Wenn ich doch jetzt diese Wand einreißen und zu dem Mann hinübergehen könnte!« Aber ich konnte diese Wand nicht einschlagen, hätte ich auch noch so sehr dagegen gehämmert.

Und nun passen Sie gut auf! In solch einer Situation, wie ich damals war, ist der lebendige Gott, der Schöpfer Himmels und der Erden. Wir sind eingeschlossen in die sichtbare dreidimensionale Welt. Gott ist ganz nahe. Die Bibel sagt: »Von allen Seiten umgibst du mich.« Gott ist eine Handbreit neben uns. Aber zwischen ihm und uns ist die Mauer einer anderen Dimension. Und nun dringt zum Ohr Gottes all der Jammer dieser Welt. Er hört das Fluchen der Verbitterten, das Weinen der einsamen Herzen, den Schmerz derer, die an Gräbern stehen, das Seufzen derer, die unter Ungerechtigkeit leiden. All das dringt zum Herzen Gottes, so wie die Verzweiflung des Mannes in der Zelle nebenan zu mir drang. Und nun denken Sie: Gott konnte das tun, was ich nicht konnte: Gott hat eines Tages die Mauer, die zwischen ihm und uns ist, eingeschlagen und ist hereingekommen in unsere sichtbare Welt – in seinem Sohne Jesus! Verstehen Sie: In Jesus, dem Sohne Gottes, kam Gott zu uns, in den ganzen Schmutz und Jammer dieser Welt! Und seitdem ich Jesus kennen gelernt habe, weiß ich, dass Gott lebt. Ich pflege zu sagen: Seit Jesus gekommen ist, ist Gottesleugnung nur Unwissenheit.

Nun muss ich von diesem Jesus reden. Ich würde in meinen Vorträgen am liebsten nur Jesus-Geschichten erzählen, aber dann würden die Abende zu kurz sein für den großen und herrlichen Stoff. Also: Jesus wurde in Bethlehem geboren, wuchs auf und wurde ein Mann. Man sah ihm äußerlich nichts von der göttlichen Herrlichkeit an, und doch: Die Leute wurden angezogen von ihm. Sie spürten: In ihm kommt die Liebe und Gnade Gottes zu uns!

Das Land Kanaan, in dem Jesus damals als Glied des Volkes Israel lebte, war besetzt von fremden Truppen, nämlich von den Römern. In der Stadt Kapernaum war der Ortskommandant ein römischer Hauptmann. Wissen Sie: Die Römer glaubten im Allgemeinen an viele Götter, aber in Wirklichkeit an gar keinen. Und diesem römischen Hauptmann in Kapernaum wird ein Mensch, der ihm sehr lieb ist, einer seiner Knechte, todkrank. Er hatte Ärzte geholt, aber keiner hatte helfen können. Es wird ihm klar: »Der stirbt mir!« Und dann fällt ihm ein: »Ich habe so viel von diesem Jesus erzählen hören. Ob der helfen kann? Ich gehe mal zu ihm hin!« So macht sich dieser völlig ungläubige, dieser heidnische Mann auf den Weg zu Jesus und bittet ihn: »Herr Jesus, mein Knecht ist krank. Kannst du ihn nicht gesund machen?« »Ja«, antwortet Jesus, »ich will mit dir gehen!« Darauf sagt der Hauptmann: »Ach, das ist doch gar nicht nötig, dass du mit mir gehst. Wenn ich einen Befehl gebe, dann wird der sofort ausgeführt. Du brauchst doch auch nur ein Wort zu sprechen, dann ist mein Knecht gesund.« Mit anderen Worten sagt dieser heidnische römische Hauptmann: »Du kannst Unmögliches möglich machen! Du bist Gott selber!« Da dreht sich Jesus um und erklärt: »Solchen Glauben habe ich in Israel nicht gefunden.« Das heißt: »Solchen Glauben wie bei diesem Atheisten habe ich in der ganzen Kirche nicht gefunden.« Verstehen Sie: Dieser heidnische Hauptmann begriff: In diesem Jesus ist Gott zu uns gekommen!

Sie müssen die Geschichten von Jesus kennen! Ich bitte Sie, ja, ich beschwöre Sie: Schaffen Sie sich ein Neues Testament an. Lesen Sie für sich das Johannes-Evangelium, dann die anderen Evangelien usw. Es sind wunderbare Geschichten von Jesus! Ich kenne keine Illustrierte, die so schöne Geschichten bringen könnte, wie sie im Neuen Testament stehen.

Jesus, der Sohn Gottes, war aber nicht nur dazu in die Welt gekommen, solch einen Knecht zu heilen, um zu dokumentieren und zu offenbaren, dass Gott existiert. Er wollte mehr. Er ist gekommen, dass Menschen Frieden mit Gott bekommen!

Sehen Sie: Zwischen Gott und uns steht nicht nur die Mauer der anderen Dimension. Zwischen Gott und Ihnen, zwischen Gott und mir erhebt sich noch eine ganz andere Mauer. Und das ist die Mauer unserer Schuld! Haben Sie schon mal gelogen? Ja? Damit haben Sie einen Stein aufgebaut zwischen Gott und sich! Haben Sie ohne Gott gelebt, einen Tag ohne Gebet? Ja? Wieder ein Stein mehr! Unreinigkeit, Ehebruch, Stehlen, Sonntagsentheiligung, auch die tausend kleinen Dinge, alle Übertretungen der Gebote: Jedes Mal haben wir einen Stein hinzugefügt! Was haben wir alle miteinander an der Mauer gebaut, die die Menschen und Gott trennt! Gott aber ist ein heiliger Gott! Verstehen Sie: Wenn ich »Gott« sage, dann taucht unausweichlich die Frage meiner Sünde und Schuld auf. Diese Frage muss geklärt werden! Gott nimmt jede Sünde todernst! Ich kenne Leute, die meinen: »Wie muss Gott sich freuen, dass ich noch an ihn glaube!« Du liebe Zeit! Das genügt doch nicht! Der Teufel »glaubt auch an Gott«! Der ist bestimmt kein Atheist. Der weiß sehr wohl, dass Gott lebt. Aber er hat keinen Frieden mit Gott! Frieden mit Gott habe ich erst, wenn die Mauer meiner Sünde und Schuld zwischen Gott und mir weggetan ist. Und dazu ist Jesus gekommen! Er hat die Mauer unserer Schuld eingerissen! Dazu hat er sich für uns ans Kreuz schlagen lassen! Er wusste: Einer muss das Gericht des heiligen Gottes über die Sünde tragen – entweder die Menschen oder ich. Sie verstehen: Wilhelm Busch oder Jesus! Und dann hat er, der unschuldige Sohn des lebendigen Gottes, Jesus Christus, mein Gericht getragen! Und auch Ihr Gericht!

Jetzt möchte ich den Herrn Jesus am Kreuz vor Ihre Augen malen. Das ist mir das liebste Bild in der Welt. Da hängt der, durch den Gott die Wand eingehauen hat und in den Jammer der Welt gekommen ist. Da hängt der, von dem es in der Bibel heißt: »Gott warf unser aller Sünde auf ihn.« Da hängt der, der die ganzen Schuldsteine – unsere Sündensteine! – auf seinen

Schultern trägt. Da hängt der, der das tut, was keiner von uns kann: Er räumt unsere Sündensteine weg! Sie müssen es in der Bibel selber lesen. Da am Kreuz wird's Tatsache: »Die Strafe liegt auf ihm, auf dass wir Frieden hätten.«

Lassen Sie es mich noch anders klar machen. Ich habe einen lieben Freund in der Schweiz, mit dem ich wunderbare Reisen gemacht habe. Wenn wir irgendwo zusammen zu Mittag gegessen haben, kam die Rechnung. Und dann hieß es: »Einer muss bezahlen! Wer hat's größere Portemonnaie?« Selbstverständlich durfte ich dann sagen: »Hans, bezahl du schon mal! Leg's mal aus!« Aber Sie verstehen: Einer muss bezahlen! Für unsere Schuld vor Gott, für alle unsere Sünden und Übertretungen muss einer bezahlen! Entweder glauben Sie an Jesus, dass er für Sie bezahlt hat – oder Sie müssen selber einmal bezahlen! Aber für jede Schuld muss bezahlt werden! Sehen Sie: Darum ist mir Jesus so wichtig! An den klammere ich mich, weil er für mich bezahlt hat!

Und nun blieb dieser Jesus nicht im Tod. Nein! Und das ist wunderbar! Drei Tage nach dem Tode Jesu stand ein Mann in tiefer Nachdenklichkeit da. Er grübelte: »Ja, was ist denn nun mit Jesus? Jetzt ist er tot. Ich habe gesehen, wie sie ihn ins Felsengrab gelegt und einen Stein davorgewälzt haben. War er Gottes Sohn, oder war er nicht Gottes Sohn?« Der Mann hieß Thomas. Und während der Mann noch grübelte: »Was ist denn nun mit Jesus?«, da kommen auf einmal seine Freunde und jubeln: »Mann! Er lebt! Was guckst du noch so traurig drein? Er lebt!« »Wer lebt?« »Jesus!« »Das gibt's doch nicht!« »Doch! Wir haben das leere Grab gesehen, das können wir bezeugen, ja, beschwören! Und – er ist uns begegnet!« »Gibt's denn das«, denkt Thomas, »dass einer von den Toten aufersteht? Wenn das wahr ist, ja, dann ist er der Sohn Gottes, dann hat Gott sich zu ihm bekannt!« Aber der Thomas ist skeptisch: »Ich bin so oft dumm gemacht worden in meinem Leben. Ich glaube nichts mehr, was ich nicht gesehen habe!« Auf der Reise sagte mir eine Schaffnerin, mit der ich über Jesus sprach: »Ich glaube nur noch, was ich sehe!« So, genau so hat der Thomas auch gedacht. Und dann erklärt er den andern: »Wenn ich nicht in seinen Händen die Nägelmale sehe und meinen Finger hinein-lege und meine Hand in seine Todeswunde lege, die sie ihm beigebracht haben, glaube ich das nicht.« Da konnten sich die Jünger den Mund fusselig reden – wie ich in Sassnitz –, immer wieder hat der Thomas gesagt: »Ich glaub's nicht!« Acht Tage später ist er mit all seinen Freunden zusammen. Auf einmal steht Jesus da. »Friede sei mit euch!« Und zu Thomas gewandt sagt er: »Thomas, komm. Reiche deinen Finger her und siehe meine Hände, und reiche deine Hand her und lege sie in mei-ne Todeswunde, und sei nicht ungläubig, sondern gläubig!« Da sinkt dieser arme hin- und hergerissene Zweifler in die Knie und ruft aus: »Herr Jesus, mein Herr und mein Gott!«

Jetzt verstehen Sie, wenn ich sage: Ein Leben mit Gott ist keine Illusion! Ein Leben mit Gott ist keine Einbildung! Gott ist nicht so etwas Ungewisses: »Irgendwo muss ein Gott sein, aber wie er ist, das weiß man nicht.« Nein! Sondern: Dass es ein Leben mit Gott gibt, gründet sich darauf, dass der Sohn Gottes gekommen und für mich gestorben und von den Toten auferstanden ist. Darum kann ich jetzt über Gott ganz genau Bescheid wissen.

Das musste ich als erste Voraussetzung zu unserem Thema »Was hat man denn von einem Leben mit Gott?« klären: Ein Le-ben mit Gott ist keine Einbildung, keine Illusion!

Und nun will ich noch eine zweite Vorfrage beantworten, nämlich die Frage:

Wie bekommt man denn ein Leben mit Gott?

Ach, wie oft haben mir Leute gesagt: »Pastor Busch, Sie sind ei-gentlich ein glücklicher Mann. Sie haben etwas, was ich nicht habe.« Ich erwidere darauf: »Schwätzen Sie nicht! Dasselbe können Sie auch haben! Jesus ist auch für Sie da!« Und dann kommt die Frage: »Ja, wie bekomme ich denn ein Leben mit Gott?« Darauf antwortet die Bibel ganz klar mit einem Sätz-chen: »Glaube an den Herrn Jesus Christus!«

Wenn ich Sie doch zu diesem Glauben führen könnte! Dazu

muss ich erst einmal klären, was denn eigentlich »glauben« heißt. Manche Leute haben ja eine ganz falsche Vorstellung vom Glauben. Da guckt einer auf seine Uhr und sagt: »Jetzt ist es genau 20 Minuten nach sieben Uhr. Das weiß ich ganz bestimmt.« Der andere, der keine Uhr hat, sagt: »Es ist 20 Minuten nach sieben Uhr – glaube ich.« Und die Leute meinen weithin, »glauben« wäre eben solch ein unsicheres Wissen. Ist es nicht so? Was heißt »glauben«, wenn die Bibel sagt: »Glaube an den Herrn Jesus Christus!«? Ich möchte es Ihnen deutlich machen an einem Erlebnis.

Ich hatte mal Vorträge in der Hauptstadt von Norwegen, in Oslo. An einem Samstagmorgen wollte ich zurückfliegen, weil ich am nächsten Tag schon in Wuppertal in einer großen Versammlung sprechen sollte. Nun fing das schon so mausig an: Die Maschine hatte eine Stunde Verspätung wegen Nebel. Endlich stiegen wir also auf mit Richtung Kopenhagen, wo wir umsteigen sollten. Als wir schon über Kopenhagen sind, dreht der Pilot auf einmal ab und fliegt in Richtung Schweden. Durch den Lautsprecher teilt er uns mit, Kopenhagen sei völlig vernebelt, so dass wir dort nicht landen könnten. Wir flögen nach Malmö. Ich wollte im Leben nicht nach Malmö in Schweden. Was sollte ich da? Ich wollte nach Düsseldorf! Ich musste doch in Wuppertal sprechen! Schließlich setzen wir in Malmö auf. Und da sehen wir: Der ganze Flughafen ist schon voll gepackt mit Menschen. Und immer noch rollt eine Maschine nach der anderen an. Es stellte sich heraus: Malmö war weit und breit der einzige nebelfreie Flughafen. Nun flogen alle Maschinen hierhin. Es war nur ein kleiner Flughafen, und so bekam man keinen Stuhl mehr zum Sitzen in dem Flughafengebäude. Ich hatte mich angefreundet mit einem österreichischen Kaufmann. Und wir fragten uns: »Was soll werden? Hier stehen wir vielleicht morgen früh noch! Da kommen die Beine schließlich oben raus!« Alles schimpfte und fragte und murrte und knurrte, wie immer in solchen Momenten. Plötzlich hörten wir durch den Lautsprecher: »Es fliegt jetzt eine viermotorige Maschine nach Süden! Wir wissen nicht, ob sie in Hamburg, in Düsseldorf oder in Frankfurt landet. Aber wer nach Süden will, kann einsteigen!« Das war ja schon eine etwas unsichere Sache. Neben uns schreit auch gleich eine Frau: »Da steige ich nicht ein! Da habe ich Angst!« Ich sage: »Liebe Frau, das brauchen Sie ja auch gar nicht! Bleiben Sie getrost draußen!« Und mein Österreicher meint: »Na, so ein Nebelflug! Und wenn man nicht mal weiß, wo man runterkommt!« In diesem Augenblick, als die Frau kreischt und der Österreicher mich auch so ein bisschen unsicher macht, kommt der Pilot in seiner blauen Uniform an mir vorbei. Und ich sehe sein Gesicht: ein Gesicht mit tödlichem Ernst, ganz konzentriert. Man merkte ihm an: »Der weiß um die Verantwortung! Für ihn ist das keine Spielerei!« Da erkläre ich meinem österreichischen Freund: »Mensch, dem können wir uns anvertrauen! Kommen Sie, wir steigen ein! Das ist kein Luftikus!« Und dann stiegen wir ein! Von dem Moment ab, als wir einstiegen, den letzten Fuß vom festen Boden wegnahmen und die Maschine zugemacht wurde, waren wir dem Mann ausgeliefert. Aber wir hatten Vertrauen. Ich vertraute ihm mein Leben an. Wir landeten in Frankfurt, und es dauerte die ganze Nacht, bis ich zu Hause war. Aber ich kam ans Ziel! Und das heißt »glauben«! Glauben heißt: sich jemand anvertrauen.

Wie bekomme ich ein Leben mit Gott? »Glaube an den Herrn Jesus Christus!« Ich möchte so sagen: Steig bei Jesus ein! Verstehen Sie: Beim Einsteigen in das Flugzeug hatte ich das Gefühl, dass mein Österreicher gern mit einem Bein auf dem Flugplatz geblieben und nur mit dem anderen eingestiegen wäre. Aber das ging nicht. Er konnte draußen bleiben – oder sich mit Haut und Haar dem Piloten anvertrauen! So ist es auch mit Jesus. Sie können nicht mit einem Bein ohne Jesus leben und mit dem anderen bei ihm einsteigen. Also: Das geht nicht! Glauben an den Herrn Jesus Christus, ein Leben mit Gott gibt's nur, wenn ich es ganz mit ihm riskiere. Ich muss ihm sagen: »Nimm mein Leben, Joou, dir / Übergeb ich's für und für.«

Und jetzt frage ich Sie: Wem sollte man sich wohl lieber anvertrauen als dem Sohne Gottes? Kein Mensch in der Welt hat so viel für mich getan wie Jesus! Er hat mich so geliebt, dass er für mich gestorben ist. Auch für Sie! So wie er hat niemand uns geliebt. Und er ist von den Toten auferstanden. Sollte ich dem, der da auferstanden ist, nicht mein Leben anvertrauen? Wir sind ja Toren, wenn wir's nicht tun! In dem Moment aber, wo ich mein Leben Jesus gebe, bin ich eingestiegen in das Leben aus Gott. Es gibt einen schönen Vers, den ich so gern habe: »Wem anders sollt ich mich ergeben, / O König, der am Kreuz verblich? / Hier opfr' ich dir mein Blut und Leben; / Mein ganzes Herz ergießet sich. / Dir schwör ich zu der Kreuzesfahn / Als Streiter und als Untertan.« Ach, wenn Sie so sprechen möchten!

So, nachdem ich das ausgeführt habe, muss ich noch einen kleinen Anhang hierzu machen. Sehen Sie: Wenn Sie Ihr Leben Jesus geben und bei ihm einsteigen wollen, wenn Sie sich ihm anvertrauen wollen, dann sagen Sie ihm das doch! Er ist da! Er ist neben Ihnen! Er hört Sie! Sagen Sie ihm: »Herr Jesus, ich gebe dir mein Leben!« Als ich mich als gottloser, verkommener junger Kerl bekehrte und Jesus annahm, da habe ich gebetet: »Herr Jesus, jetzt gebe ich mein Leben dir. Ich kann dir nicht versprechen, dass ich gut werde. Dazu musst du mir ein anderes Herz geben. Ich habe einen schlechten Charakter, aber was ich bin, das gebe ich alles dir. Mach du was aus mir!« Das war die Stunde meines Lebens, wo ich mit beiden Beinen bei Jesus einstieg und dem das Steuer meines Lebens gab, der mich erkauft hat mit seinem Blut.

Damit man nun aber weiterkommt in einem Leben mit Gott, muss man – und ich sage das immer wieder – unbedingt die drei großen »G« beherzigen: Gottes Wort, Gebet und Gemeinschaft.

Sehen Sie: Sie können nicht Jesus gehören und dann nichts mehr von ihm hören. Da muss man eine Bibel oder ein Neues Testament haben und jeden Tag eine Viertelstunde ganz ruhig darin lesen, einfach fortlaufend. Was Sie nicht verstehen, lassen Sie auf sich beruhen. Aber je öfter Sie lesen, desto mehr Herrliches wird Ihnen aufgehen. Mir wird dabei das Herz oft ganz weit vor Freude, dass ich diesem herrlichen Heiland gehören und ihn verkündigen darf. Man darf ein Leben aus Gott nicht nur haben, sondern auch davon weitergeben.

Zu dem ersten »G«, Gottes Wort, kommt das zweite »G«, das Gebet. Jesus hört Sie! Sie brauchen ihm keine schönen Reden zu halten. Es genügt, wenn Sie etwa als Hausfrau beten: »Herr Jesus! Heute ist ein schlimmer Tag: Mein Mann hat schlechte Laune, die Kinder parieren nicht, ich habe Wäsche, es fehlen mir 10 Mark. Herr Jesus, ich lege dir den ganzen Schlamassel hin. Gib, dass mein Herz doch voll Freude ist, weil ich ein Leben aus Gott habe! Und hilf du mir auch durch! Herr Jesus, ich danke dir, dass ich mich dir ganz anvertrauen darf!« Verstehen Sie: Ich kann Jesus alles sagen, was ich auf dem Herzen habe! Und ich darf auch bitten: »Herr Jesus, gib, dass ich dich besser erkenne und dass ich dir immer mehr gehöre!«

Als drittes »G« gehört zu einem Leben mit Gott die Gemeinschaft. Also: Man schließt sich dann mit denen zusammen, die auch Jesus gehören wollen. Neulich erklärte mir jemand: »Ich will glauben, aber ich komme nicht weiter!« Da habe ich ihm geraten: »Sie brauchen Anschluss an andere Christen!« Darauf wandte er ein: »Die gefallen mir aber alle nicht!« »Ja«, habe ich da gesagt, »dann ist nichts zu machen. Wenn Sie im Himmel mal mit denen zusammen sein wollen, dann müssen Sie es jetzt schon lernen! Der liebe Gott kann nicht Sonderchristen für Sie schnitzen.«

Ich kannte als Junge einen Bankdirektor in Frankfurt, einen alten Herrn, der mir viel aus seinen jungen Jahren erzählt hat. Als er sein Abitur gemacht hatte, hatte sein Vater zu ihm gesagt: »Hier hast du soundsoviel Geld, und jetzt darfst du eine Reise durch alle Hauptstädte Europas machen.« Stellen Sie sich vor: Ein junger Kerl von 18 Jahren bekommt so etwas gesagt. So möchte man's auch haben! Der alte Herr berichtete mir: »Ich wusste: Es ist jetzt nicht schwer, dass ich in den Großstädten in Sünde und Schande falle. Doch ich wollte Jesus gehören. Und darum packte ich mein Neues Testament ins Reisegepäck. Und jeden Tag, ehe ich aus dem Hotelzimmer ging, wollte ich die Stimme Jesu gehört und mit ihm gesprochen haben. Und wo ich hinkam, wollte ich Christen suchen. Ich habe überall Jesus-Jünger getroffen: in Lissabon, in Madrid, in London, in ... Am schwersten war's in Paris. Da habe ich lange herumgefragt nach einem, der auch Jesus gehören wollte. Schließlich wies man mich an einen Schuster: ›Der liest die Bibel!‹« Und da ist der vornehme junge Mann die Stufen zur Werkstatt des Schusters hinuntergestiegen und hat ihn gefragt: »Kennen Sie Jesus?« Als Antwort haben die Augen des Schuhmachers nur geleuchtet. Da hat der junge Mann gesagt: »Ich komme jeden Morgen zu Ihnen, damit wir zusammen beten können. Darf ich?« So wichtig war ihm auch das dritte »G«, die Gemeinschaft mit denen, die mit Ernst Christen sein wollen.

So, das war das, was ich zunächst klären musste: Ein Leben mit Gott ist keine Illusion, seit Jesus gekommen ist. Und: Wie kriege ich ein Leben mit Gott? »Glaube an den Herrn Jesus Christus!« Und jetzt komme ich zu der eigentlichen Frage.

Was hat man denn von einem Leben mit Gott?

Liebe Freunde, wenn ich Ihnen das erzählen wollte, was man von einem Leben mit Gott und von der Gemeinschaft mit Jesus hat, dann wäre ich Weihnachten noch dran und immer noch nicht fertig. So viel hat man davon!

Ich vergesse nicht, wie mein Vater mir sagte, als er mit 53 Jahren im Sterben lag – es war eines seiner letzten Worte: »Du, Wilhelm, sag allen meinen Freunden und Bekannten, wie glücklich und selig mich Jesus gemacht hat – im Leben und im Sterben!« Wissen Sie, wenn einer in Todesnot liegt, dann macht er keine Sprüche mehr, dann vergehen einem die Phrasen. Und wenn einer in seinen letzten Atemzügen ringt und bezeugt: »... wie glücklich mich Jesus gemacht hat – im Leben und im Sterben«, dann geht einem das durch und durch. Wie wird Ihr Sterben aussehen?

Als ich noch ein junger Pastor war, passierte im Ruhrgebiet mal eine schöne Geschichte: Da war eine große Versammlung, in der ein gelehrter Mann zwei Stunden lang nachwies, dass es gar keinen Gott gibt. Er hatte seine ganze Gelehrsamkeit auf den Tisch gelegt. Der Saal war voll mit Menschen. Darüber war's voll mit Tabaksqualm. Und an Beifall wurde nicht gespart: »Hurra! Es gibt keinen Gott! Wir können tun, was wir wollen!« Als der Redner nach zwei Stunden fertig war, stand der Leiter der Versammlung auf und sagte: »Jetzt ist Diskussion. Wer etwas sagen will, möge sich melden!« Natürlich hatte keiner den Mut dazu. Jeder dachte: »So einem gelehrten Mann kann man jetzt nicht widersprechen.« Sicher waren viele da, die ihm nicht zustimmten, aber wer hat schon den Mut, nach vorne aufs Podium zu gehen, wenn da tausend Menschen sitzen und Beifall brüllen! Doch! Eine Stimme meldet sich! Im Hintergrund macht sich eine alte Oma bemerkbar, so eine richtige ostpreußische Großmutter mit schwarzem Häubchen, von denen es im Ruhrgebiet viele gibt. Auf ihre Meldung hin fragt der Vorsitzende: »Oma, Sie wollen etwas sagen?« »Ja«, antwortet die Oma, »ich wollte etwas sagen!« »Nun, dann müssen Sie aber nach vorne kommen!« »Ja«, sagt die Oma, »keine Angst!« Eine tapfere Frau! So um das Jahr 1925 herum ist das passiert. Die Oma marschiert also nach vorne aufs Podium, stellt sich ans Rednerpult und fängt an: »Herr Redner, jetzt haben Sie zwei Stunden lang von Ihrem Unglauben gesprochen. Lassen Sie mich jetzt 5 Minuten von meinem Glauben sprechen. Ich möchte Ihnen sagen, was mein Herr, mein himmlischer Vater, für mich getan hat. Sehen Sie: Als ich eine junge Frau war, da verunglückte mein Mann auf der Zeche, und sie brachten ihn mir tot ins Haus. Da stand ich nun mit meinen drei kleinen Kindern. Damals waren die sozialen Einrichtungen sehr mäßig. Ich hätte verzweifeln können, wie ich an der Leiche meines Mannes stand. Und sehen Sie: Da fing's an, dass mein Gott mich getröstet hat, wie kein Mensch mich trösten konnte. Was die Menschen mir sagten, das ging zum einen Ohr herein und zum andern wieder hinaus. Aber er, der lebendige Gott, hat mich getröstet! Und dann habe ich ihm gesagt: ›Herr, jetzt musst du für meine Kinder Vater sein!‹ (Es war ergreifend, wie die alte Frau erzählte!) Ich habe abends oft nicht gewusst, wo ich das Geld hernehmen sollte, um die Kinder am nächsten Tag satt machen zu können. Und da habe ich's wieder meinem Heiland gesagt: ›Herr, du weißt doch, dass ich so elend dran bin. Hilf du mir!‹« Und dann wendet sich die alte Frau zu dem Redner und sagt: »Er hat mich nie im Stich gelassen, nie! Es ging durch große Dunkelheiten, aber er hat mich nie im Stich gelassen. Und Gott hat noch mehr getan: Er hat seinen Sohn gesandt, den Herrn Jesus Christus. Der ist für mich gestorben und auferstanden und hat mich mit seinem Blut rein gewaschen von allen Sünden! Ja«, fuhr sie fort, »jetzt bin ich eine alte Frau. Ich werde bald sterben. Und sehen Sie: Er hat mir auch eine gewisse Hoffnung des ewigen Lebens gegeben. Wenn ich hier die Augen schließe, dann wache ich im Himmel auf, weil ich Jesus gehöre. Das alles hat er für mich getan! Und jetzt frage ich Sie, Herr Redner: Was hat Ihr Unglaube für Sie getan?« Da steht der Redner auf, klopft der alten Oma auf die Schulter und sagt: »Ach, so einer alten Frau wollen wir den Glauben ja gar nicht nehmen. Für alte Leute ist der ja ganz gut.« Da hätte man die alte Oma aber mal sehen sollen! Energisch wischt sie das weg und erklärt: »Nee, nee! So können Sie mir nicht kommen! Ich habe eine Frage gestellt, Herr Redner, und die sollen Sie mir beantworten! Was mein Herr für mich getan hat, das habe ich Ihnen gesagt. Und nun sagen Sie mir: Was hat Ihr Unglaube für Sie getan?« – Große Verlegenheit! Die Oma war eine kluge Frau …

Und wenn heute von allen Seiten in der Welt das Evangelium angegriffen wird, dann frage ich: Was habt ihr eigentlich von eurem Unglauben? Ich habe allerdings nicht den Eindruck, dass die Menschen Frieden im Herzen haben und glücklich dabei geworden sind. Nein, meine Freunde!

Was hat man denn von einem Leben mit Gott? Ich will es Ihnen ganz persönlich sagen: Ich hätte mein Leben überhaupt nicht ertragen, wenn ich nicht durch Jesus Frieden mit Gott hätte! Es gab Stunden, wo mir das Herz brechen wollte. – Heute hörte ich, dass hier in der Nachbarschaft ein schreckliches Unglück passiert ist, das zwei Familien in tiefe Trauer gestürzt hat. Wenn ich's recht gehört habe, sind Kinder überfahren worden. Es kann so schnell etwas Schweres über uns kommen, wo man plötzlich mit allen großen Worten zu Ende ist, wo man nur noch die Hand ausstreckt ins Dunkel und fragt: »Ist denn keiner da, der mir helfen kann!?« – Sehen Sie: In den schweren Stunden des Lebens zeigt sich, was man an Jesus hat! Als ich heiratete, habe ich zu meiner Frau gesagt: »Frau, ich wünsche mir sechs Söhne, und die sollen alle Posaune blasen.« Ich hatte mir das so schön gedacht: einen eigenen Posaunenchor im Haus. Nun, wir bekamen sechs Kinder, vier nette Töchter und zwei Söhne. Aber meine beiden Söhne habe ich nicht mehr. Beide hat Gott mir auf schreckliche Weise weggenommen, erst den einen und dann auch noch den andern. Da komme ich nicht drüber. Ich habe ein Leben lang als Jugendpfarrer mit jungen Burschen zu tun gehabt – und meinen eigenen Jungen. Ich weiß noch, wie ich nach dem Eintreffen der Todesnachricht vom zweiten Jungen herumgelaufen bin mit dem Gefühl, als hätte ich ein Messer im Herzen stecken. Und da kamen Leute und sagten Trostworte. Aber die gingen nicht ins Herz, die verfingen gar nicht. Ich war doch Jugendpfarrer und wusste: »Heute Abend muss ich in mein Jugendhaus. 150 jungen Burschen soll ich fröhlich Gottes Wort sagen.« Und mein Herz blutete! Da habe ich mich eingeschlossen, bin auf meine Knie gefallen und habe gebetet: »Herr Jesus, du lebst, nimm du dich doch um mich armen Pastor an!« Und dann schlug ich mein Neues Testament auf und las: »Jesus spricht: Meinen Frieden gebe ich euch!« Ich wusste: Was er zusagt, das hält er gewiss. Und so bat ich ihn: »Herr Jesus, ich will jetzt nicht verstehen, warum du mir das getan hast, aber gib mir deinen Frieden! Fülle mein Herz mit deinem Frieden!« Und – er hat es getan! Er hat es getan! Das bezeuge ich Ihnen hier.

Und auch Sie werden ihn brauchen, wenn Ihnen kein Mensch Trost geben kann. Das ist herrlich: Wenn kein Mensch helfen kann, dann Jesus kennen, der uns mit seinem Blut am Kreuz erkauft hat und auferstanden ist, und zu ihm sagen können: »Herr, gib mir deinen Frieden!« Wie ein gewaltiger Strom fließt der Friede ins Herz, den er gibt! Das gilt auch für die schwerste Stunde unseres Lebens, wenn's ans Sterben geht. Wie wird einmal Ihr Sterben sein? Da kann Ihnen auch kein Mensch helfen. Selbst die liebste Hand werden Sie einmal loslassen müssen. Wie wird das sein? Sie gehen vor Gottes Angesicht! Wollen Sie mit all Ihren Sünden vor Gott treten? Ach, wenn man die starke Hand des Heilands fasst und weiß: »Du hast mich erkauft mit deinem teuren Blut und alle Schuld vergeben!« – dann kann man auch selig sterben!

Was hat man denn von einem Leben mit Gott? Ich will's Ihnen aufzählen: Frieden mit Gott; Freude im Herzen; Liebe zu Gott und dem Nächsten, dass ich sogar meine Feinde und alle, die mir auf die Nerven fallen, lieb haben kann; Trost im Unglück, dass mir jeden Tag die Sonne hell scheint; eine gewisse Hoffnung des ewigen Lebens; den Heiligen Geist; Vergebung der Sünden; Geduld – ach, ich könnte noch lange weitermachen.

Ich schließe mit einem Vers, den ich so gern habe:

Es ist etwas, des Heilands sein,
Ich dein, o Jesu, und du mein,
In Wahrheit sagen können,
Ihn seinen Bürgen, Herrn und Ruhm
Und sich sein Erb und Eigentum
Ohn allen Zweifel nennen.

Es ist etwas, des Heilands sein! Ich wünsche Ihnen diesen Reichtum, dieses Glück!